Allen,
die aufstehen, um sich gegen Ausländerhass
und Diskriminierung zur Wehr zu setzen.

Zu diesem Buch:

"Du musst gehen" ist die berührende Fluchtgeschichte eines 12 jährigen afghanischen Jungen. Kein politisches Buch, aber es macht eines deutlich: Niemand auf dieser Welt verlässt sein Land und damit seine Heimat unter den geschilderten Bedingungen, ohne existentielle Gründe zu haben.
Jawad Masood, ein Junge mit ungebrochenem Lebenswillen, hat seine Flucht überlebt. Nach einer Operation jedoch zeichnet sich für ihn eine Katatrophe ab. Als sein Leben zu schwer geworden ist, beginnt er seine Geschichte im Rahmen einer Therapie aufzuarbeiten.
Er erfindet zusammen mit RB, seinem Therapeuten, Ahmed Baktash, den Protagonisten des Buches. Wo die Grenzen zwischen Realität und Fiktion verlaufen, weiß nur Jawad Masood selbst. Ein authentisches Buch ist "Du muss gehen" dennoch geworden.

Robert Becker, geb. 1960 lebt und arbeitet als Geschäftsführer eines 1997 selbst gegründeten Jugendhilfeträgers, Familientherapeut und freier Autor in Frankfurt am Main.Veröffentlichungen: 2018 Spagat (4. überarb.Auflage) Robeck, 2019 Das Kind, mein natürlicher "Feind"– Wir gründen ein Kinderheim, Robeck. Zahlreiche Kurzgeschichten bei verschiedenen Verlagen

Jawad Masood, geb. 2003 in Afghanistan ist Schüler einer Frankfurter Realschule. Er hat mit seiner Fluchtgeschichte dieses Buch erst möglich gemacht und maßgebend zum Gelingen beigetragen.

"Du musst gehen"

Robert Becker/Jawad Masood

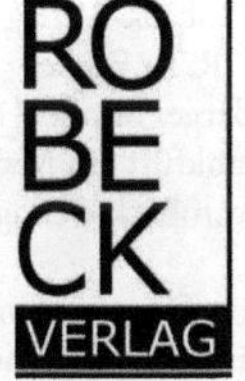

1. Auflage im Juni 2020

Umschlaggestaltung: Beckerpunkt Designbüro, Hochheim
www.beckerpunkt.de

Foto Cover: © AdobeStock_266596278

Robeck–Verlag
R.Th.Becker
Berger Straße 71
Frankfurt am Main
www.robeck–verlag.de

Druck bei Books on Demand GmbH, Norderstedt
Printed in Germany

ISBN: 978-3-947928-04-0

Inhalt

Vorwort

Ahmed Baktash, von dem hier die Rede sein wird, gibt es als reale Person nicht. Wir haben ihn erfunden, damit er als Titelheld unseres Buches einen Teil der Geschichte erzählen kann, den so viele junge Flüchtlinge erlebt haben. Einer von ihnen ist Jawad Masood.

Kein Mensch verlässt seine Heimat leichtfertig, und das Leben ist manchmal wirklich ein Sauhund, der sich auf die Lauer legt und in einem Moment, in dem man nicht damit rechnet, zuschlägt: Als Jawad nach einer Operation fast gestorben wäre, ist es dann auch für ihn zu viel.

»Mein Kopf und mein Herz sind voll und ich weiß nicht mehr, wie ich die ganzen Gedanken loswerden kann!« Es ist seine Idee, alles aufzuschreiben – nur, dass er das nicht kann. Anfangs spricht er kaum Deutsch, nur ein bisschen Englisch. Und so habe ich für ihn das Aufschreiben übernommen. Es ist nicht das erste Mal, dass ich meine beiden Berufe, Familientherapeut und Autor, zusammenbringe.

Biografisches Schreiben nenne ich das. Eine wunderbare Methode. Der eine erzählt, der andere fragt, schreibt, liest, kommentiert anschließend und nimmt Korrekturen entgegen, formuliert erneut und liest dann wieder.

Der Prozess einer behutsamen Betrachtung setzt ein und hilft beim Verarbeiten des Erlebten. Keine Therapie im klassischen Sinn, dennoch wirksam.

Ich habe versucht, mich in Jawads Gedankenwelt einzufühlen, für ihn Worte zu finden, die ihm entsprechen, um Ahmeds und damit auch seine Geschichte zu erzählen. So, wie Jawad es vielleicht auch getan hätte, wenn er dazu in der Lage gewesen wäre.

Was mir auffiel: Je mehr ihn die Dinge berührten, die er erzählte, desto schlechter wurde sein Deutsch. Manchmal eine echte Herausforderung für mich, Authentizität und Lesbarkeit in Einklang zu bringen. Ich bin dankbar für den Prozess und habe viel gelernt, und glaube, wir sind in den letzten drei Jahren ein gutes Team gewesen. Vieles habe ich nicht kommentiert und dennoch komme ich vor. Jawad Masood erzählte von mir, und ich schrieb es auf. RB nennen wir mich im Buch. Was Besseres ist uns nicht eingefallen.

Therapeutische Interventionen bleiben dennoch weitgehend unerwähnt. Dieser Teil des sehr persönlichen Prozesses gehört nur Jawad.

Das, was er darüber offen erzählen wollte, hat er erzählt, den Rest für sich behalten.

Nicht alles kommt zur Sprache. Nicht jede Grausamkeit wollten wir haarklein beschreiben und auch nicht alle Details preisgeben.

Ahmed ist nicht Jawad. Er ist vielmehr der literarische Bruder. Vieles, von dem, was wir ihn erzählen lassen, hat auch Jawad erlebt. Es bleibt die Distanz. Was real, was Fiktion ist, weiß nur Jawad selbst und so soll es auch bleiben.

Jawad hatte etwas, dem man sich wirklich schwer entziehen konnte. Wir Therapeuten würden wahrscheinlich von Resilienz sprechen. Vielleicht war es das oder einfach der Lebenshunger eines Jungen, der über die Erfahrungen, die er machte, aus dem Staunen gar nicht mehr rauskam.

Du musst gehen!, sagte seine Mutter, als sein Leben bedroht war und genau das hat er dann auch getan: vier Monate lang.

Es bleibt nicht aus, dass man an manchen Stellen des Buches diesen damals zwölfjährigen Jungen wärmen und füttern will, ebenso wenig, wie es ausbleibt, über Afghanistan zu schreiben. Eine Gratwanderung.
Es wäre so leicht gewesen: Deutschland, das Land in dem Milch und Honig fließen und Afghanistan, das im Krieg versinkt und dessen politische Verhältnisse Kindern wie Ahmed, Jawad und wie sie alle heißen, eine unbeschwerte Kindheit und die Heimat rauben.
Die Zusammenhänge aber sind immer komplexer, als man sie darstellen kann. Das, was wir sehen ist nur ein bescheidener Ausschnitt, gefärbt von unserer persönlichen Vorstellung, wie die Welt funktioniert. Niemand sollte vorschnell urteilen.

Ahmed Baktash vermisst sein Land, seine Mutter, die Familie, das Haus, in dem sie gelebt haben und Palangi, seinen Hund. Er vermisst, wie Jawad, seine Heimat.
Die Angst, nichts von dem, das er liebt, wiedersehen zu können, macht ihm zu schaffen.

Du musst gehen!, ist kein politisches Buch. Es verfolgt keinen tieferen Sinn, außer den, eine Geschichte zu erzählen: die Geschichte von Ahmed Baktash.
Und dennoch kam ich nicht umhin, mich immer wieder auseinanderzusetzen. Warum meinen Menschen überall auf der Welt, dass ausgerechnet sie es sind, die anderen vorschreiben könnten, wie sie zu sein, was sie zu glauben und wen sie zu lieben haben?
Ich habe einmal mehr begriffen, wie kostbar Freiheit, wie wertvoll Demokratie ist, und dass wir alles dafür tun sollten, beides zu erhalten. Wir müssen aufstehen und uns zur Wehr setzen, wenn jemand unsere oder die Rechte anderer mit Füßen tritt.

Heute ist Jawad siebzehn. Ein typischer Jugendlicher, der uns oft genug an die Grenzen bringt, weil er sie austestet und damit unsere Nerven strapaziert. In vielerlei Hinsicht ist er also wie so viele in seinem Alter und dennoch gibt es etwas, das ihn unterscheidet: Seine Angst. Die, zurückzumüssen … Nachts, wenn es still geworden ist, liegt er wach. »Was soll ich nur tun, wenn sie mich abschieben?« Das hat er oft gefragt und wir alle, die wir mit ihm zu tun hatten, haben davon gesprochen, dass eine Abschiebung alles in allem in höchstem Maß unwahrscheinlich, nahezu ausgeschlossen sei, und gleichzeitig haben wir doch innerlich gefroren.

Robert Becker, Mai 2020

Du musst gehen …

Ich liege auf meinem Bett und denke. Manchmal tue ich das: einfach denken. Nachdenken, um es genau zu nehmen.
Wir haben Dienstag, den 7. Februar 2017 und es ist so viel passiert, dass ich ganz voll bin. Gedanken kann man gar nicht so gut beeinflussen, wie man sich das vorstellt. Die kommen und gehen, wie sie wollen. Hin und wieder mag ich es, so dazuliegen und ein bisschen zu »chillen«. Daran denken, was ich noch machen will, Musik hören, auf meinem Handy rumdaddeln. Ich weiß nicht, ob es dieses Wort wirklich gibt, aber irgendwo habe ich es aufgeschnappt und finde es lustig. Meistens dauert es nicht lange und ich denke an zu Hause. Ich sehe alles ganz genau vor mir: die Familie, das Haus, in dem ich gelebt habe. Meine Mutter. Auf meinem Handy sind Fotos – auch welche von meinen kleinen Geschwistern, die ich noch nie gesehen habe.
Habe ich es erwähnt? Mein Name ist Ahmed. Ich bin dreizehn Jahre alt, als wir dieses Buch beginnen. Ahmed, bedeutet der Hochgelobte.
Ich habe noch einen zweiten Vornamen, übersetzt: der Hübsche. Nicht, dass ich mir etwas darauf einbilde, aber es kann ja auch nicht schaden so zu heißen. Der hochgelobte Hübsche – damit lässt sich doch ganz gut leben, finde ich.

Die in dem Kinderheim, in dem ich lebe, sehen mich manchmal ziemlich mitleidig an. Das Flüchtlingskind, das sie Ende April letzten Jahres, (ich erinnere mich noch genau!), aufgenommen haben, rührt sie noch immer.
Flüchtlingskind das mag ich überhaupt nicht. Lieber will ich, dass man mich so ansieht, als sei ich einer von hier,

ganz normal und ohne Geschichte, die andere berührt. Aber irgendwie kommen sie immer wieder drauf zurück. Ich glaube, das gehört zu ihrem Job. Sie müssen sich schon von Berufs wegen sorgen. Manchmal übertreiben sie etwas, finde ich, aber ich merke dadurch auch, dass ich ihnen nicht egal bin. Das ist eben sehr anders hier als in meiner Heimat.

Das ganze »pädagogische Reden« ist mir doch sehr fremd. Das, was ich erlebt habe, beschäftigt sie. Auch das, was mir im Krankenhaus passiert ist. Da haben sich alle ganz schön Sorgen gemacht. Wenn ich meine Narben ansehe, kann ich es noch gar nicht fassen. Ich muss sagen, das war echt krass. Alles ein bisschen viel Mist, was da zusammengekommen ist. Manchmal begegnet einem im Leben ein ganz schöner Scheiß. Das muss ich schon zugeben. Aber was ich damit meine, kann man jetzt vermutlich noch gar nicht richtig verstehen.

Das mit dem Krankenhaus muss ich in Ruhe erzählen. Später. In meinem Kopf gehen immer wieder ein paar Dinge durcheinander und dann wird es mit dem zum Besten geben schwierig. Aber alles schön der Reihe nach: Erst mal bin ich geflohen – nein, das stimmt nicht. Erstmal habe ich in Afghanistan gelebt und war ein ganz normaler Junge.

Das mit dem *normal* bestreiten manche, aber ich meine es so, wie man es verstehen kann, wenn man sich ein klein wenig anstrengt.

Ich war immer schon ein ziemlich wildes Kind. Kein Tag, an dem wir uns nicht geprügelt hätten, aber das lag nun wirklich nicht an mir, sondern eher daran, dass man sich bei uns zu Hause eben generell gegenseitig verprügelt hat.

Was ist meine erste Erinnerung? Wie weit zurück kann meine Reise gehen, wenn ich an mein Zuhause denke? Das hat mich RB gefragt, und ich musste erstmal ein bisschen nachdenken. Solche Fragen stellt einem ja sonst keiner.

Heute bin ich das erste Mal bei ihm gewesen und wir haben angefangen, über alles zu reden. RB, (ich kürze den Namen ab, man weiß ja, wen ich meine,) ist mein Therapeut, wenn man so will. Aber in meinem Fall verhält es sich dann auch wieder anders, aber darüber erzähle ich später noch, dann wird es klarer. Meine ersten Erinnerungen also ... Als ich vier Jahre alt war, habe ich mir einen Arm gebrochen. Das weiß ich noch ganz genau.

Mein Cousin Mahtiola, mein zudem bester Freund, ist zusammen mit mir auf dem Bett herumgesprungen und hat mich dann aus Versehen runtergestoßen. Wir waren immer ziemlich maßlos. Klar, dass da auch mal was passieren kann. Keine Ahnung, ob es wirklich komplett aus Versehen geschehen ist, aber das spielt jetzt auch keine Rolle mehr. Vielleicht ist das meine allererste Erinnerung. Ich weiß noch, dass ich geweint habe – meine Mutter auch. Für Mütter ist das immer gleich eine Katastrophe, wenn den Kindern was passiert.

In Afghanistan geht man mit so was nicht unbedingt zum Arzt. Ich wurde zu einem Mann gebracht, der den Arm wieder in Form gedreht und anschließend in eine Schlinge gesteckt hat. Das hat scheiß weh getan. Damit alles schnell heilen sollte, wurde der Arm mit Eiern (!) bestrichen. Anstatt Gips Eier, das ist schon lustig, wenn ich heute drüber nachdenke. Der Arm ist ein bisschen verdreht geblieben, was aber niemand merkt. Nur, wenn man ganz genau hinsieht, kann man es sehen. Sie haben

behauptet, dass er gebrochen war, aber ob und wie, kann ich nicht sagen, weil ich ja nicht geröntgt worden bin.
Da ich ewig lang, wenn ich mich richtig erinnere, haben sie von zwei Jahren geredet, diese Schlinge tragen sollte, hat es mir dann irgendwann gereicht. Wie ich ja schon erzählt habe, war ich immer ziemlich wild und Geduld gehört bis heute nicht zu meinen Stärken. Zwei Jahre waren einfach zu lang. Also bin ich dann heimlich mit dem Fahrrad gefahren, was aber mit Arm in Schlinge keine wirklich gute Idee gewesen ist. Man kann sich vielleicht vorstellen, was jetzt kommt: Genau: Ich bin gleich nochmal drauf gefallen und danach war mein Arm wieder gebrochen … Da war ich sechs.
Ich hatte ständig was. Zwei Tage nach meinem achten Geburtstag zum Beispiel bin ich eine Treppe runtergefallen und habe mit einem Blech, keine Ahnung, wo das plötzlich herkam, Bekanntschaft gemacht. Das hat mir den ganzen Fuß aufgeschnitten und ich habe geblutet wie Sau – auch nicht gerade lustig. Da war dann erstmal Schluss mit Rumjagen. Ich war nur noch im Haus, zusammen mit meiner Mutter. Das war schrecklich und ich musste oft heulen, weil ich raus wollte.
Wenn ich mich nicht bewegen kann, fehlt mir was. Es macht mich verrückt, wenn ich still rumsitzen muss.
Keine Ahnung, woran das liegt, aber das ist bis heute so geblieben. Ich kann einfach keine Ruhe geben. Mit mir gibt es also wenig Entspannung. Manchmal gehe ich damit allen auf die Nerven, und sie sind froh, wenn ich mich mit einem Freund verabrede und für ein paar Stunden verschwinde.
Ich musste also mit meinem zerschnittenen Fuß wie ein Mamasöhnchen zu Hause bleiben. Das war eine traurige

Zeit. Aber auch die ging vorüber. Ich erinnere mich, dass wir danach gleich wieder losgezogen sind und immer neuen Mist angestellt haben. Aber zum Glück ist nichts Großes mehr passiert.

Nach der Schule haben sich alle Jungen auf der Straße zum Fußballspielen getroffen. Bei uns ist das doch ziemlich anders als in Deutschland. Da verschwindet nicht jeder in seiner Wohnung, isst, macht Hausaufgaben und verabredet sich erst später, sondern alle sind draußen. Wir haben natürlich auch gegessen, aber eher so, dass wir schnell wieder abhauen konnten. Zuhause hat uns nichts gehalten.

Meine Mutter hat mich oft gefragt, was ich essen will und immer waren es rote Linsen. Zumeist hat sie dann gleich ganz viel gekocht, damit ich morgens, mittags und abends davon essen konnte. Das war jedes Mal ein Fest! Manchmal habe ich ihr beim Kochen zugesehen. Wenn sie krank war, habe ich es für sie übernommen. Dann hat sie daneben gesessen und mich rumkommandiert: »Jetzt das Wasser, gut so, nicht so viel! Das reicht.« Tomaten kamen rein, Zwiebeln und Gewürze, rote Linsen natürlich, hin und wieder kochten wir mit, meistens aber ohne Fleisch. Kochen konnte ich damals nicht richtig, habe es aber später im Kinderheim von unserer Haushälterin gelernt. Afghanische Männer übernehmen fast immer die Aufgaben außer Haus. Die Küche ist fest in Frauenhand. Gut, es gibt Ausnahmen, aber in der Regel haben wir am Herd nichts zu suchen. Wir putzen auch nicht.

Das musste ich hier allerdings schnell lernen. Mädchen und Jungen im Heim haben die gleichen Aufgaben. Es werden keine Unterschiede gemacht. Oha! Keine Unterschiede! Mädchen und Jungen haben die gleichen Rechte und Pflichten. Das konnte ich erstmal gar nicht glauben, obwohl das so schwer nun auch wieder nicht zu verstehen ist. Das war schon ziemlich lästig, dass ich hier so unangenehme Dinge wie Küchendienst übernehmen musste. Und mein Zimmer sollte ich auch aufräumen, meine Anziehsachen selbst waschen. Gut, sie haben mir geholfen, aber auch, wenn ich immer wieder versucht habe, mich blöd zu stellen oder Ausreden gesucht habe, es hat nichts gebracht.

Ich habe mich schon in Afghanistan manchmal gewundert, wie eng das mit den Mädchen alles gesehen wird und war froh, ein Junge zu sein.

Hier ist das anders und das ist wirklich gut so. Man kann mit Mädchen sprechen und rumalbern, ohne, dass einem gleich der Kopf abgerissen wird oder, was schlimmer war, die Mädchen echte Schwierigkeiten bekamen. Gut, dafür muss man akzeptieren, dass man ständig mit ihnen herumdiskutieren muss, aber wie gesagt: Ich finde, das ist gut so. Bei uns war das so: Wir Jungs sind immer zusammen gewesen, sind herumgezogen und haben eine Menge Scheiß angestellt. Nur mit Mädchen durfte man sich nicht sehen lassen. Das gibt es bei uns nicht. Jungen und Mädchen gemeinsam spielen? Das geht nicht. So etwas verbietet unsere Religion und das, was die Menschen daraus gemacht haben. Natürlich steckten auch wir den Mädchen heimlich kleine Briefchen zu und wollten unbedingt, dass sie uns ihre Handynummern verrieten, zumindest, wenn sie hübsch genug waren und in unsere Richtung gesehen haben, aber das war bei uns alles doch sehr viel versteckter als hier. Geheimnisvoller würde ich sagen und gefährlicher. Bei so was sollte man sich nie erwischen lassen.

Wir waren alle sehr gläubig.
Schon morgens um vier sind wir in die Moschee zum Beten gegangen und nach der Schule bin ich mit meinen Freunden durch die Straßen getobt. Wann immer es ging, haben wir die Erwachsenen geärgert – besonders die alten Männer. Ich weiß, das gehört sich eigentlich nicht, aber alle haben das getan. Wir waren erst zufrieden, wenn sie uns Schläge angedroht haben und Steine in unsere Richtung geflogen sind, um uns zu verjagen. Dann ist es allmählich ernst geworden. Meistens haben sie nicht richtig getroffen. Das war lustig. Aber, wenn sie getroffen hätten, wären wir wahrscheinlich nicht ohne eine richtig große Platzwunde oder Beule davongekommen. Das aber ist wirklich nichts, um das irgendwer groß Aufhebens gemacht hätte.
Ich war auch damals schon immer auf »der Flucht«, aber da hatten wir noch eine Menge Spaß dabei. Später, das kann man sich denken, war es dann nicht mehr spaßig, fliehen zu müssen. Flucht ist etwas, dass ich keinem wünsche. Das tut man nicht einfach so aus Spaß.
Die alten Männer fehlen mir. Manche von ihnen habe ich richtig gerne gehabt. Nur weil man wen ärgert, heißt das nicht, dass man ihn nicht auch mag. Im Gegenteil: Manchmal zeigt man ja erst dadurch, dass sie einem nicht egal sind. Wir fallen uns untereinander ja nicht, wie es die Frauen tun, so ohne Weiteres um den Hals. Küsschen hier, Küsschen da, kennen wir nicht.
Von meiner Mutter, wir telefonieren von Zeit zu Zeit, habe ich gehört, dass einige der Alten bei uns im Dorf schon gestorben sind. Das macht mich wirklich traurig. Zu wissen, dass man jemand niemals wiedersehen kann, den man so herrlich geärgert hat, ist bedrückend.

So ist das mit dem Tod ... Das ist auch so was, über das ich nachdenke. Das sind nicht die schönsten Gedanken, die man sich so machen kann, aber ich hatte ja bereits gesagt: So leicht zu steuern ist das, was in einem vorgeht, nicht. Dem Tod bin ich nicht nur auf der Flucht zu oft begegnet. Der war überall und hat mich sogar bis nach Deutschland verfolgt, aber davon später mehr.

Meine Oma, auch die lebt nicht mehr, fehlt mir. In der Zeit, als ich schon in Deutschland war, ist sie gestorben. Meine Mutter hat es mir am Telefon erzählt, und ich habe sehr geweint, weil ich noch nicht mal zu ihrer Beerdigung gehen konnte. Das war keine einfache Sache. Ich war hier und musste irgendwie alleine klarkommen. Nicht dass die im Heim sich nicht um mich gekümmert hätten, aber meine Familie war weit weg und in solchen Momenten spürte ich das besonders. Wenn man nicht mit der Familie zusammen trauern kann, fühlt man sich schon sehr einsam. Das muss ich sagen. Zumindest hat meine Oma gewusst, dass ich in Sicherheit war. Das war bestimmt ein Trost. Alte Leute sorgen sich ja ständig. Ich hätte sie so gerne noch einmal gesehen, aber das ging eben leider nicht. Eine letzte Umarmung – das wäre es gewesen. So bleiben mir nur meine Erinnerungen an sie.

Jetzt wünsche ich mir, wenigstens irgendwann meinen Opa wiederzusehen. Auch er ist schon ziemlich alt. Das mit dem alt ist nicht ganz so, wie es sich anhört, aber bei uns leben die Leute nicht so lange wie in Deutschland. Das hat viele Gründe. Auch ihn würde ihn gerne nochmal sehen, aber ich kann eben nicht einfach mal so zu Besuch zurückfahren. Wenigstens von ihm möchte ich mich verabschieden können, aber ich weiß nicht, ob das klappen wird.

Ich denke oft an ihn und an meine Kindheit zurück. In Afghanistan hatte ich jede Menge Freunde. Auch die fehlen mir. Von einigen weiß ich, wie es um sie steht, von manchen nicht. Nicht wenige sind, wie ich, geflohen. Wie es ihnen wohl ergangen ist? Es kann sein, dass auch ein paar von ihnen nicht mehr leben. Das wäre traurig, aber, wenn ich ehrlich bin, ist es nicht unwahrscheinlich. Auf einer Flucht stirbt es sich leicht. Nicht jeder schafft es bis nach Deutschland. Auch ich hätte es nicht unbedingt schaffen müssen. Es gab doch ganz schön viele Situationen, die gefährlich waren, und ich einfach nur Glück hatte. Sterben können hätte ich mehr als einmal. Ich habe nicht so viel darüber nachgedacht, sondern nach brenzligen Situationen einfach aufgeatmet.

Ich denke oft an Baghlan. Das ist die Stadt, in der ich gelebt habe. Da komme ich her. Nicht groß, nicht klein und sehr anders als die Städte hier. So groß wie Worms, hat RB mir erzählt, aber in Worms war ich noch nie. Baghlan liegt im Norden von Afghanistan.
Es gibt eine Stadt, die so heißt, und die Provinz nennen wir auch so. *Provinz* – das Wort habe ich hier gelernt, weiß aber nicht so ganz genau, was es bedeutet, nur, dass es in einer Provinz wenig zu sehen gibt. RB hat es mal erklärt, aber so richtig verstanden habe ich es nicht. Vielleicht auch, weil es nicht so wichtig ist.
In der gesamten Region leben in etwa so viele Menschen wie in Frankfurt. Das habe ich irgendwo gelesen. Aber beides kann man nicht miteinander vergleichen. Das sind wirklich zwei unterschiedliche Welten.
Draußen auf den Feldern bei uns wachsen Unmengen von Zuckerrüben. Manchmal sind wir hingelaufen und

haben uns einfach welche mitgenommen. Wahrscheinlich hätten wir fragen müssen, ob wir das dürfen, aber wir haben selten jemand gefragt, ob irgendetwas erlaubt oder verboten war. Wenn wir erwischt wurden, gab es eben Dresche oder wir sind beschimpft worden, aber damit lebt man eben. Man kennt es auch gar nicht anders. Es erklärt einem ja kaum einer was.

Wenn Ramadan war, haben wir den ganzen Tag nichts gegessen. Man kann sich vorstellen, wie groß der Hunger wird, wenn man den ganzen Tag nichts isst. Und dann die Hitze. Trinken darf man nämlich auch nichts.
Man lernt Bescheidenheit, ist dankbar darüber, dass man üblicherweise zu essen hat. Im Ramadan lernt man Verzicht. RB wollte ganz genau wissen, was das ist, beziehungsweise, was ich darunter verstanden habe, was Ramadan für mich bedeutet. So genau weiß ich das auch nicht. Die Geschichte hat was mit unserem Propheten zu tun. Man macht, was die erwachsenen Männer einem sagen, tut, was auch sie tun. Es verbindet uns. Ich glaube, das ist so, wie die Fastenzeit im Christentum nur, dass die Deutschen dicker sind, als die Afghanen und oft aus anderen Gründen fasten.
Die Zeit des Ramadan ist für mich wichtig. Als ich so krank war, durfte ich nicht fasten. Da hat mir was gefehlt und ich habe mir fest vorgenommen, im nächsten Jahr wieder mitzumachen. Das hat dann auch geklappt.
Abends dann, wenn die Sonne untergegangen ist, haben alle zusammen gesessen, richtig viel gegessen und Tee getrunken und dabei eine Menge erzählt.
Das waren lustige Runden. Speziell das Zuckerfest ist etwas Besonderes. Mit meiner Großmutter und Tante bin

ich mit Freunden vorher nach Kabul gefahren, um neue Klamotten zu kaufen. Das war schon fast eine Reise und deshalb etwas ganz Besonderes. Natürlich durften wir damit nicht im Fluss schwimmen, haben wir aber trotzdem getan. Meine Mutter kam aus dem Schimpfen gar nicht mehr raus und hat mich ziemlich verdroschen. Ich glaube, sie hat ein Kabel oder eine Schnur genommen. Schläge gehörten dazu. Da hat niemand so richtig viel drüber nachgedacht.

Meine Mutter war 14, als ich zur Welt kam, (also in etwa so alt, wie ich heute bin) und, wenn ich mir vorstelle, ich sollte für ein Kind sorgen … Das wäre sicherlich eine ziemliche Katastrophe. Das arme Kind!

Alle haben ihr Kinder geschlagen.

Von Erziehung hatte meine Mutter wahrscheinlich auch wenig Ahnung. Wie auch in dem Alter? Ich kann ihr nicht böse sein. Sie hat es gemacht, wie alle. Ich war nie großartig sauer. Irgendwann hat sie sich immer wieder abgeregt. Für mich war es viel schlimmer, wenn man mich vor Fremden kritisiert hat. Das, was man in der Familie zu klären hat, sollte man zu Hause austragen und nirgendwo anders – meine Meinung.

Über seine Mutter darf man nicht schlecht denken. Niemals! Die Mutter ist die erste, deren Stimme man hört. Das Erste, dass man zu Essen bekommt, ist von ihr. Schon im Bauch hört man ihren Herzschlag. Wie also sollte man schlecht über die eigene Mutter denken? Ich jedenfalls habe nie schlecht über sie gedacht.

Manche der anderen Kinder bei uns im Kinderheim machen das. Ich aber verstehe das nicht. Wie kann man das tun? Die eigene Mutter ist so etwas wie eine Heilige. Ohne sie wäre man schließlich nicht mal auf der Welt.

Das mit dem Schwimmen im Fluss war im Grunde harmlos. Es war nur ärgerlich, weil wir uns nass und schmutzig gemacht haben und Erwachsene das nicht besonders mögen.

Bei uns gab es keine Waschmaschine. Da war das richtig viel Arbeit, die Sachen wieder sauber zu kriegen, aber darüber habe ich nicht viel nachgedacht. Eigentlich war ich jeden Tag dreckig, wenn ich heimkam.

Als wir den Raketenwerfer gefunden haben, an dem wir munter herumhantierten, hätte dann aber wirklich etwas Schlimmes passieren können. Wir hatten tatsächlich vor, das Ding scharfzumachen und hochzujagen. Wenn ich daran denke, bekomme ich echt ein mulmiges Gefühl.

Wir haben nie groß nachgedacht und wollten nur ein bisschen Spaß.

Es gibt eine Menge Kinder, denen eine Hand oder sonst irgendetwas abgerissen wurde. Man weiß ja als Kind nicht, wie gefährlich so was ist. Man spielt mit dem, was man findet, und ich habe das auch getan. Im Krieg spielen die Kinder Krieg. Die Granaten, die rumlagen, gehörten dazu. Auch das haben wir einfach so hingenommen. Wir hätten ja ohnehin nichts ändern können. Ich bin in den meisten Sachen eher spontan gewesen, habe vorher wenig überlegt. Wir hatten Glück.

Und dann gab es noch Palangi.

Der hat natürlich auch dazugehört, zu meinem Leben in Afghanistan. Palangi, das war mein Hund. Nicht irgendein Hund. Stark wie ein Tiger! Als er gerade geboren war, haben wir ihn gestohlen. Das hört sich jetzt schlimmer an, als es war. Die Leute, die ihn besaßen, hätten ohnehin nicht alle Welpen behalten können, also konnten sie froh sein, das wir ihnen schon mal einen abgenommen haben. Wahrscheinlich hätten sie Palangi einfach im Fluss ersäuft. Ausgeschlossen ist das nicht. Wir haben also eigentlich sogar was Gutes getan.

Im hinteren Teil des Gartens haben wir ihn in einer Kiste versteckt und heimlich aufgezogen. Wir haben immer gehofft, dass uns niemand auf die Schliche kommt. Dazu muss man wissen, dass es nicht ein Garten war, wie man sich hier einen hinterm Haus vorstellt, sondern er war riesengroß und damit natürlich auch unübersichtlicher, was für unsere Zwecke gut war. Deshalb konnten wir das mit unserem Hund erstmal geheimhalten.

Wir haben versucht, die Kuh zu melken, um ihm Milch geben zu können. Die Kuh aber mochte uns nicht und hat um sich getreten und uns einfach nicht rangelassen. Die Versorgung des kleinen Hundes war also gar nicht so ungefährlich für uns. Eine wildgewordene Kuh ist nicht zu unterschätzen, und wir haben den ein oder anderen Tritt kassiert. Irgendwie haben wir es aber geschafft, dass er nicht verhungern musste. Als er größer wurde, gab es Probleme. Schon bald war er nicht mehr in einer Kiste zu halten.

Natürlich hat es dann gar nicht mehr lange gedauert, bis mein Vater uns auf die Schliche kam. Erst dachten wir, es setzt wieder mal Dresche, aber nach einigem Hin und Her, haben wir ihn dann doch behalten dürfen und als es an der Zeit war, haben wir ihm die Ohren abgeschnitten. Das ist auch wieder so was, das Kindern hier erstmal nicht so ohne weiteres in den Kopf kommt, aber zum Trost: Das hatte seinen Sinn und vorher haben wir ihm eine Spritze gegeben. In Afghanistan geht man wegen so was nicht zum Tierarzt. Da macht man solche Dinge selbst. Irgendwer wusste, wo wir die Medizin herbekamen und dann hat das mit den Ohren auch geklappt. Wir waren nicht zimperlich im Ohrenabschneiden. Danach war Palangi jedenfalls auf dem besten Weg, ein Kampfhund zu werden. Da stören Ohren nur, weil die anderen Hunde sich darin verbeißen können. Das will ja auch niemand. Wenn man mal mitbekommen hat, wie das ist, sich am Ohr zu stoßen, weiß man, wie scheißweh das tut. Und dann erst: Reinbeißen! Mit Ohren, die im Weg rumhängen, ist kein Sieg zu machen – ich meine für die Hunde – ich selbst will meine Ohren schon behalten. Und nun, wo Palangi einen schönen glatten Kopf hatte, und richtig stark war, hat er in vielen Kämpfen gesiegt. Er hat seine Gegner ganz schön alt aussehen lassen. Einmal haben wir sogar ein Auto mit ihm gewonnen!

Wir waren mächtig stolz auf ihn. Das mit den Hundekämpfen ist bei uns normal. Es gehört zur Tradition. In Deutschland wird auch das ziemlich anders gesehen. Hier gibt es den Tierschutz.

Über viele Dinge habe ich erst im Nachhinein nachgedacht. In meiner Heimat herrscht Krieg – selbst unter den Tieren. Alles kämpft. Man hetzt die Hähne aufeinander und freut sich, wenn ein Vieh dem anderen die Augen aushackt. Selbst die Singvögel zwitschern bei uns nicht untätig auf den Bäumen herum, sondern treten als Gladiatoren gegeneinander an. Man setzt Geld, jubelt, wenn man gewinnt, hat Spaß am Tod des Gegners.

An die Tiere denkt keiner, habe ich auch nicht getan. So was kommt, wenn man nichts zu tun hat. Das ist ein lustiger Zeitvertreib und irgendwie muss man ja sein Geld verdienen. Gut, es kann sein, dass lustig das falsche Wort ist, aber im Moment fällt mir nichts Besseres ein.

Mir geht es super hier. Ich habe Freunde gefunden und bin ganz begeistert, wie viele Möglichkeiten man hier hat. (Viele der Leute, die hier leben, wissen gar nicht, wie gut es ihnen geht.) Bei uns gibt es nicht viel zu entscheiden. Es wird nicht gefragt, was man will – schon deshalb nicht, weil es kaum Alternativen gibt. Man tut gut daran, sich nicht aufzulehnen und die Dinge infrage zu stellen. Das Nachdenken hat mir in Afghanistan nicht geholfen, das habe ich erst hier in Deutschland gelernt.

Hier fühle ich mich frei. Nur meine Familie fehlt mir. Sie ist so weit weg, dass man sich das kaum vorstellen kann. Ich habe es mal im Internet herausgefunden: 4.979 Kilometer. Das ist schon mal eine Ansage. So einfach läuft man das nicht.

Manchmal skype ich mit meiner Mutter. Wie alle Mütter will sie immer alles wissen, aber ich behalte einige Dinge für mich, weil ich weiß, dass sie sich sorgen würde und das hilft ja keinem.

Ich habe ihr bis heute nur in Andeutungen erzählt, dass ich im Krankenhaus war. Man muss seine Mutter nicht mit jedem kleinen Mist belasten. Meine hat ohnehin schon genug Probleme.

Eigentlich ist es schön, sich an die Familie zu erinnern. Ich aber weiß nicht, wann ich sie wiedersehen werde und dann ist es nicht mehr ganz so einfach, an sie zu denken, weil man sofort traurig wird. Ich habe gelernt, dass man das hier Heimweh nennt. Ein komisches Wort, finde ich.

Meine Mutter, habe ich genau vor mir: klein und dunkel mit funkelnden Augen. Im Haus trägt sie ein Kopftuch, aber sobald sie nach draußen geht, und sei es, dass sie nur den Hof betritt, zieht sie sich eine Burka über. Besonders wenn Ramadan ist, muss das anstrengend sein, weil die

Hitze einen fast umbringt und man den ganzen Tag, wie ich schon erzählt habe, nichts zu essen und trinken bekommt. Eine Burka ist ein Umhang, der alles bedeckt, auch den Kopf und nur einen Schlitz zum Sehen freilässt. Bei uns ist das eben so. Zumindest seit die Taliban das Sagen haben. Selbst meine Schwester, sie ist gerade neun geworden, trägt schon ein Kopftuch. Das ist vielleicht dann doch ein bisschen übertrieben. Kinder sollten frei sein und einfach unbeschwert spielen können. Aber was war bei uns schon unbeschwert?

Wenn meine Sorgen zu groß werden, versuche ich mich abzulenken. Auch das ist gar nicht so leicht.
(Hauptsächlich abends, wenn schon alle schlafen und niemand mehr für Abwechslung sorgt.) Wenn alles still ist, wird es oftmals schwer für mich, Ruhe zu finden und einzuschlafen, aber darüber spreche ich nicht gerne. Wenn ich Herzklopfen habe, behalte ich das für mich und tue so, als sei nichts. Das gab es nicht, dass mit mir über Probleme geredet worden wäre. Jeder sah zu, dass er klar kam.
Die Erwachsenen, die sich im Heim um mich kümmern, reden ständig mit uns. Das war anfangs echt ungewohnt für mich und kann verdammt anstrengend sein – auch heute noch. Sie lassen einfach nicht locker.
Sie wollen alles Mögliche von uns wissen. Man könnte auch sagen, dass sie extrem neugierig sind. Über was die sich so Gedanken machen ... Wo ich herkomme, haben wir untereinander nie wirklich wichtige Dinge erzählt, nicht mal den Freunden. Es blieb nie da, wo es bleiben sollte, also habe ich es gelassen. Dass irgendetwas, von dem man nicht will, dass es weitergetragen wird, dann

doch die Runde macht, darauf kann man nämlich auch verzichten. Das war aber so. Jeder hat jeden irgendwie kleingemacht. Vielleicht, um selbst besser dazustehen. Deshalb habe ich schon aus Prinzip die wesentlichen Sachen für mich behalten. Über Leute, die nichts für sich behalten konnten, haben wir zu Hause gesagt: Der ist wie deutsches Wetter! Ich glaube, ich habe erst hier verstanden, was damit gemeint ist: Erst scheint die Sonne und nur ein paar Stunden später regnet es. Man kann sich also auf nichts verlassen. Auch das war bei uns anders: Entweder es war kalt oder warm.

Wenn man bei uns zu Hause halbwegs gut durchkommen wollte, war es gut, nicht die Wahrheit zu sagen, sondern das zu erzählen, was man hören wollte. Das Lügenkönnen gehörte also gewissermaßen zum Überleben dazu und ich musste hier erst lernen, dass man sich nur vertrauen kann, wenn alle ehrlich miteinander umgehen. Sie erwischen mich aber auch heute noch oft genug beim Flunkern und dann muss ich mir so einiges anhören.

In Afghanistan hat es noch ganz gut geklappt, die Dinge mit sich alleine auszumachen, aber ich habe eine Menge erlebt und meine Gedanken haben mich nicht mehr zur Ruhe kommen lassen. Irgendwann jedenfalls konnte ich das, was in mir vorging, gar nicht mehr ordnen. Es war, als würde ich überlaufen. Na ja, vielleicht passt der Begriff nicht so richtig, aber ich gehe davon aus, man kann sich vorstellen, was ich meine.

Sie haben mit mir über Therapie geredet. Keine Chance! Ein afghanischer Mann – selbst, wenn er noch kein ganzer ist, geht da nicht hin. Man redet unter Männern, sitzt irgendwo zusammen, trinkt Tee, das war es dann aber auch.

Dann hatte ich den Wunsch, alles aufzuschreiben. Wenn man etwas aufschreibt, ist man es los, habe ich gedacht, oder es wird leichter. Zumindest habe ich gehofft, dass ich wieder Ordnung in meinen Kopf bekommen würde. Irgendwann habe ich das erzählt und habe dann schließlich auch mit RB darüber geredet. Ihn ärgere ich auch gerne. »Na, alter Mann, hast du wieder ein bisschen zugenommen?«, sage ich manchmal, wenn ich ihn begrüße und tätschle über seinen Bauch, weil ich weiß, dass er das nicht mag und wenn er mir dann aus Spaß Schläge androht, ist die Welt für mich in Ordnung. Das ist meine Art, Kontakt zu machen. Ich glaube, er weiß das und nimmt mir die kleinen Frechheiten nicht wirklich krumm.
Der hat mit zugestimmt.

»Das ist wirklich eine gute Idee, alles aufzuschreiben«, hat er gesagt. Schreiben, das wäre eine Möglichkeit gewesen ... aber ich mit meinem Deutsch ... und außerdem wünschte ich mir auch, dass mir jemand hilft, es liest und mit mir über alles spricht. Nur so genau wusste ich das damals gar nicht und konnte das selbst nicht so ausdrücken. Ich habe ziemlich gut deutsch gelernt, dafür, dass ich noch gar nicht so lange hier bin. Aber um ein Buch zu schreiben? Nein, das reicht dann doch noch nicht. Für alle Probleme gibt es eine Lösung. Wahrscheinlich nicht für alle, aber für meine. Ich bin davon überzeugt, dass man fest daran glauben muss, dass alles gut wird und dann geht es auch irgendwie.

Egal, was mir passiert ist, ich will nicht, dass ich traurig bin. Trotzdem bin ich es manchmal. Nachts, wenn das Licht ausgegangen ist zum Beispiel, aber das habe ich ja schon erzählt. Trotz allem: Ich bin ein fröhlicher, ziemlich überdrehter Mensch, würde ich sagen. Wenn mich jemand ärgert, ich meine so richtig ärgert, oder ich Stress mit den Erwachsenen habe, schaffe ich es einfach nicht, lange sauer zu sein. Manchmal nehme ich mir das vor, aber es klappt nicht, weil ich schnell wieder lachen muss. Das nervt mich, dass ich nie lange stinkig auf jemand sein kann, weil es Situationen gibt, in denen ich deshalb nicht ganz ernst genommen werde. Wie soll einer davon ausgehen, dass ich etwas ernst meine, wenn ich immer gleich grinse. Aber ich kann das irgendwie nicht ändern und es ist gut zu lachen glaube ich. Länger als eine Stunde kann ich keinem böse sein. Egal was war.

Aber zurück: Das mit der Geschichte aufschreiben kann ich also nicht, aber ich erzähle gerne. Die im Heim sagen oft, dass ich ihnen die Ohren abquatsche und daraus war dann schließlich was zu machen. Hier kommt RB ins Spiel. Was echt praktisch ist: Er schreibt. Wir haben uns von Anfang an gut verstanden. Ich denke, er mag mich, zumindest hat er sich immer nett erkundigt, wie es mir geht und als ich ihm das mit dem vollen Kopf und dem Aufschreibenwollen erzählt habe, hat er mir den Vorschlag gemacht, mir zu helfen. Keine schlechte Idee, das muss ich zugeben. Ich hatte zwar keine rechte Vorstellung, wie das Ganze funktionieren sollte, habe mir aber gedacht, das ist ja auch nicht mein Bier. Er wird schon wissen, wie er das anstellt.

Meine Vormünderin hat zugestimmt und die für mich zuständige Sozialarbeiterin vom Jugendamt auch. Alle waren sich einig und nun erzähle ich einmal in der Woche meine Geschichte und RB, mein persönlicher Ghostwriter, ich glaube, so nennt man das, schreibt sie für mich in der Zwischenzeit auf. Die gesamte Arbeit hat mehr oder weniger er am Hals, das finde ich praktisch. Dann, von Zeit zu Zeit, liest er mir vor, was er aus meinem gedanklichen Wirrwarr gemacht hat und ich sage, was ich dazu denke und fühle. Das ist schon irre, wie ich die Dinge wieder vor mir habe, wenn er liest. Es ist manchmal, als wäre er dabei gewesen. Das trifft es nicht ganz, aber wenn er liest, gehe ich zurück an die Orte, um die es geht und bin oft überrascht, wie sehr ich mit meinen Gefühlen beschäftigt bin und wie genau er das, was ich ihm vorher erzählt habe, für mich ausgedrückt hat. Es sind keine fremden Texte, sondern die eigenen, nur von jemand anderem geschrieben. Das ist echt witzig, wie so was funktioniert.

Auf jeden Fall erzähle ich dann weiter, und er liest wieder und in meinem Kopf bekommen die Gedanken Ordnung (Jedenfalls mehr als die ganzen Sachen in meinem Zimmer).

Schwer zu erklären, aber es ist gut, wie wir das machen. Es wird leichter. Immer, wenn ich das Eine erzählt habe, fällt mir das Andere dazu auch wieder ein. Manche Sachen, von denen ich gedacht habe, ich hätte sie längst vergessen, tauchen wieder auf und puzzeln sich allmählich zu einem großen Ganzen zusammen.

Ein Junge spricht nicht gerne über Gefühle, RB aber fragt mich oft danach und manchmal hilft es tatsächlich, was ich aber nicht so ohne weiteres zugebe.

Nicht immer versteht er auf Anhieb, was ich sagen will. Obwohl ich alles genau erzählt habe, dauert es einen Moment, bis der Groschen gefallen ist. Ich wusste erst gar nicht, was ein *Groschen* ist, aber in unseren »Erzählstunden«, lerne ich manchmal auch was und den Spruch fand ich lustig.

Was auch noch echt nützlich ist: Er ist nebenbei Therapeut. Systemischer Familientherapeut. Ich kann jetzt nicht wirklich gut erklären, was das genau ist, aber ich glaube, es hat etwas damit zu tun, wie die Sachen zusammenhängen und das die eine Seite immer auch mit der anderen etwas zu tun hat. Keine Ahnung, ob das jetzt klarer geworden ist, aber das soll erst mal genügen. So in etwa hat er mir das jedenfalls erklärt. Wie auch immer: Ich kann nach den Stunden oftmals mit dem ein oder anderen guten Ratschlag nach Hause gehen.
Manchmal sagt er mir, was er über mich denkt und das kann schon gespenstisch sein, weil er bisweilen was zutage fördert, dass ich ihm gar nicht so direkt erzählt habe. Er setzt, so könnte man sagen, die inneren Puzzleteile zusammen. Wie das funktioniert, kann ich nicht beschreiben, aber irgendwie klappt das meistens ganz gut. Echt praktisch, finde ich.

In der ersten Stunde habe ich aus einer Holzkiste drei Symbole ausgesucht, von denen ich glaube, das sie zu mir passen: ein Herz. Ein großes rotes Steinherz. Richtig fett. Da trage ich meine Mutter drin und meinen Vater und Gott. Der ist wichtig. Gott sagt mir, wenn ich ihn frage, wann ich sie endlich wiedersehen kann, dass ich Geduld haben muss. Nicht gerade das, was ich hören will, aber er hat recht: Ich muss Geduld haben.
Was will man auch erwarten? Afghanistan ist schließlich nicht Offenbach. Es liegt nicht einfach um die Ecke, das wollte ich damit sagen. Man kann also nicht mal eben kurz in die S–Bahn steigen und hinfahren.
Irgendwann sehen wir uns wieder, da bin ich mir sicher. Bis dahin muss ich eben abwarten. Ich träume davon,

dass die Verhältnisse in meinem Land mal irgendwann so sind, dass ich mich einfach in ein Flugzeug setzen und ihnen einen Besuch abstatten kann.

Dann die Schildkröte, mein zweites Symbol. Die steht dafür, dass ich von Afghanistan, der Familie und meiner Mutter wegmusste. Das fand ich irgendwie passend, weil sie auch für jeden Weg so lange braucht und so langsam geht – ich meine die Schildkröte, nicht meine Mutter. Ich habe auch über vier Monate gebraucht, bis ich hier war und das mit dem Haus auf dem eigenen Buckel ist für einen, der flüchtet, auch ziemlich praktisch. Obgleich ich natürlich kein Haus hatte, aber es wäre gut gewesen, ich hätte eins gehabt. Man kann erbärmlich frieren, wenn man wenig zum Anziehen hat, oder gerade durch einen Fluss schwimmen musste und die Sonne sich versteckt hält oder die Nacht scheißkalt ist.

Als Drittes die Katze: Eigentlich wollte ich den Schlagring nehmen, so einen hatte ich in Afghanistan auch, aber der passte dann doch nicht mehr. Was will ich heute noch mit Schlagringen zu tun haben? Ich bin kein Schläger. Und so habe ich mich dann für die Katze entschieden. Eine Holzkatze, die einen Buckel zieht. Die ist irgendwie auch arm, streicht alleine durch die Welt, ist aber unabhängig. Ich fand, das passte: ich, die Katze. Ein bisschen zu dünn, staubig, aber immer auf der Hut. Wenn man wie ich auf der Flucht gewesen ist, bleibt einem gar nichts anderes übrig als auf der Hut zu sein. Sonst ist man schnell geliefert. Es ist den Kindern in meiner Klasse gar nicht so einfach zu erklären, wie es dazu gekommen ist, dass ein Junge mit zwölf flieht.

Als ich etwas älter geworden war, wurde das mit dem

hübsch aussehen, plötzlich zu einem Problem. Ich durfte die Haare nicht lang tragen, um nicht auszusehen, wie ein Mädchen. Hübsch zu sein und dabei auszusehen wie ein Mädchen, war gefährlich, denn es gab Männer, die einen mitnahmen, um wirklich schlimme Sachen mit einem anzustellen. Man musste vor ihnen auf der Hut sein. Sie steckten welche wie mich in Kleider und behandelten sie wie Mädchen. So offen hat da niemand drüber geredet, aber es war so und jeder wusste davon. Nur, was sollte man machen? Das waren Typen, die das Sagen hatten. Einem richtigen Mädchen, waren derartige Dinge nicht zuzumuten, weil man nur als Jungfrau die Möglichkeit hatte, verheiratet zu werden. Das weiß bei uns jeder und trotzdem gibt es Männer, die sich auch darum nicht scheren.
Unverheiratete Frauen haben bei uns kaum noch eine Chance.
Bei uns ist doch alles sehr anders als hier. Frauen, die schon mal was mit einem Mann hatten, werden sogar von ihrer Familie verstoßen. Sie können dann nur noch irgendwo anders, wo sie niemand kennt, betteln gehen, weil sich keiner mehr mit ihnen einlassen will. Sie werden schlecht behandelt und beschimpft. Ich will hier lieber nicht sagen, wie man sie nennt. Das ist schon wirklich ungerecht – zumal die Mädchen oder Frauen meistens gar nicht danach gefragt werden, ob sie etwas wollen oder nicht.
Sie sind auf sich allein gestellt. Nur, wie soll das gehen? Die Männer entscheiden ja sonst alles.
Und weil man aus diesem Grund doch oft die Mädchen verschont, sind eben die Jungen dran ... Mein Großvater hat mir einfach die Haare abgeschnitten, damit ich nicht

so auffiel. Das hat aber wenig geholfen, denn einer, sie nannten ihn Comandante, hatte es auf mich abgesehen. Ein hohes Tier bei der Polizei und wenn so einer angekündigt hat, einen mitnehmen zu wollen, sollte man das auf jeden Fall ernst nehmen. Es gab keine Sicherheit, dass er es nicht tun würde. Die Polizei hat einem bei so was nicht geholfen. Sie war nur tagsüber da. Nachts war niemand mehr von ihnen zu sehen.

Der Comandante hatte natürlich seine Leute, die für ihn arbeiteten. Auch wenn die Taliban durch die Straßen liefen, gab es keine Polizei mehr und keine Sicherheit. (Schon gar nicht für hübsche Jungs!) So was wie ein Jugendamt, Kinderheime oder einen Kinderschutzbund gibt es bei uns nicht.

Wenn jemand verschwindet, ist er eben weg. So einfach ist das. Das ist kaum zu glauben, ich weiß, aber so ist das, wenn es nicht mehr geordnet zugeht. Manche tauchen irgendwann wieder auf, die meisten nicht.

Und dann ist alles noch schlimmer geworden: Jemand hatte dem Comandante in den Fuß geschossen. Nicht, dass ich das besonders tragisch gefunden hätte, nur jetzt wurde es eng für mich, denn sie verdächtigten ziemlich schnell meinen Vater, nur, weil der nicht zu allem »Ja und Amen« gesagt hat und nicht damit einverstanden gewesen ist, dass sie mich mitnehmen wollten.

Es lag auf der Hand, dass sie mich aus Rache holen würden. Dabei gab es gar nichts zu rächen, aber das interessiert solche Leute nicht. Untersuchungen gibt es bei uns nicht und man braucht auch keine Beweise. Es reicht, dass einer sagt: Der war's und schon ist man geliefert. Ein paar Mal haben sie mich vor der Schule abgefangen und hatten vor, mich fortzuschaffen, aber ich konnte abhauen. Nur sicher war ich nicht mehr. So viel stand fest. Sie würden an ihrem Plan, mich zu entführen, festhalten. Machen wir uns nichts vor: Es war nur eine Frage der Zeit, bis es ihnen gelungen wäre und deshalb musste ich weg. In Afghanistan verschwinden jede Menge Jungs, landen irgendwo in einem Camp und werden von den Taliban zu Kämpfern ausgebildet oder sie kommen erst mal »als Mädchen« zu jemand, der es darauf abgesehen hat, sich eine Zeit lang zu vergnügen. Oder beides. Erst das eine, dann das andere. Man kann sich leicht vorstellen, dass weder das eine noch das andere besonders prickelnd ist.

»Du musst gehen!«, sagte meine Mutter eines abends. »Wohin?«, wollte ich wissen. Ich war zwölf! Wo sollte ich schon hingehen? Mehr als unseren Ort kannte ich kaum. Viel herumgekommen war ich auch noch nicht. Ich hatte überhaupt keine Vorstellung von dem, was auf mich zukommen sollte. »Wohin soll ich denn?«, wollte ich wissen, »Weg!«, sagte sie und sah traurig aus. Ich musste fort? Ja, ich wusste, dass sie recht hatte. Wir haben geweint, aber ich war zu Hause nicht mehr sicher, vor dem Comandante nicht, vor den Taliban nicht und so ging ich. Es würde mir fehlen, das Lehmhaus, in dem wir wohnten, der riesige Garten dahinter, in dem ich so oft mit Freunden ausgelassen gespielt hatte und ganz besonders natürlich: Meine Familie! Und Palangi! Der würde mir auch fehlen. Das versteht sich von allein.

Ameisenstraße

Wie soll ich das beschreiben – eine Flucht ...? Flucht, davon hört man nahezu jeden Tag in den Nachrichten. Die Leute verfolgen die Berichte im Fernsehen. Ich kriege das im Kinderheim oder bei Freunden mit. Wenn man nicht weiß, was das ist, sieht man hin, isst dabei zu Abend, oder macht sonst was, aufs Handy sehen zum Beispiel. Manche aber sind berührt, solange der Bericht geht und man selbst weiß, dass man das, was man erlebt hat, nie wieder loswird. Mir hängt sie im Genick, die Flucht – oder sonst wo. Jedenfalls kann ich das alles nicht vergessen. Es hat mein Leben verändert und gleichzeitig will ich das oft gar nicht wahrhaben. Ich möchte nur so sein wie jeder andere Jugendliche in meinem Alter auch.

Vielleicht aber bleiben die Erinnerungen mein ganzes Leben. Keine Ahnung. Hinter jedem Bild, das ich sehe, tauchen in mir viele andere auf. Bilder, die es in den Reportagen nicht zu sehen gibt.

»Du musst gehen ...« Wie so viele. Wenn man zwölf ist, versteht man das gar nicht. Man hat gar keine Vorstellung, was es bedeutet, zu gehen. Gehen? Woher weiß man, wenn man geht, dass man auch irgendwo ankommt? Und wenn nicht? Ich hatte keine Wahl, soviel ist klar.

Kaum einer sprach in der Nacht, als es losging. Es war still um uns herum. Das große Schweigen hatte etwas sehr Gespenstisches. Alles musste so schnell gehen. Das Einsteigen, die Verabschiedung von denen, die bleiben würden, das Abfahren.

Ohne, dass ich wusste, was auf mich zukommen würde, saß ich plötzlich mitten zwischen all den fremden Menschen in einem völlig überfüllten Bus. Man glaubt gar nicht, wie viele Leute sich da reingequetscht haben. Ich versuchte, mich möglichst dick zu machen, saß mit gegrätschten Beinen, damit meine Sitznachbarn mich nicht erdrücken konnten. Gab man Platz frei, war dieser sofort von anderen eingenommen. (Das ist wie bei einer Würgeschlange: Gibt das Opfer auch nur für einen Moment nach, legt sie sich fester um den Körper.) So war es im Bus. Alle wollten mehr Platz und ich musste darauf achten, meinen nicht ganz zu verlieren. Auch die Luft reichte nicht für alle. Das zumindest war mein Gefühl. Keine angenehme Sache. Morgen würde nichts mehr so sein wie heute. So viel war klar. Keine Schule, keine Freunde – meine Leute weit weg, zumindest für mich nicht mehr zu erreichen. Das ist ein wirklich komisches Gefühl. Man hat zwölf Jahre an einem Ort gelebt und mehr oder weniger jeden Tag das Gleiche gemacht und dann sitzt man in einem Bus und fährt in eine ungewisse Zukunft. Da weiß man nicht, ob man lachen oder heulen soll. Das ist einfach nur unwirklich. Man träumt schlecht – und das mit offenen Augen. Ich habe nicht viel getan in diesem Moment. Was auch? Was ich gedacht habe, kann ich auch nicht so richtig ausdrücken.

Einer der Familien sollte ich mich anschließen. Wir kannten sie flüchtig. Die Frau, ich nenne sie Parwana, hatte Geld bekommen und dafür versprochen, auf mich aufzupassen. Das war schon gut. Jemanden zu haben, den man kannte, gab ein kleines bisschen Sicherheit. Sie reiste mit ihrem siebenjährigen Sohn und der achtjährigen Tochter, ihrem Neffen, der aber schon fünfundzwanzig war und einem Nachbarn, der seine zwei Söhne dabei hatte.

Parwanas Mann war mit zwei Kindern schon in Deutschland. Ich wäre lieber mit meinen Leuten gereist, aber man kann sich die Dinge oft nicht aussuchen.
Das waren keine so guten Startbedingungen für mich, denn ich spürte bald, dass Parwana mich nicht als einen von ihnen betrachtete. Ich gehörte nicht wirklich dazu, war keines ihrer eigenen Kinder. Ihre Sorge galt nicht mir. Da fühlt man sich sehr einsam. So etwas ist dann doch schwer auszuhalten, egal wie sehr man sich vorgenommen hat, stark zu sein.
Ich war klein und auch wenn ich schon alles Mögliche angestellt und mich groß dabei gefühlt hatte, nun war ich winzig und was schlimmer war: Ich schrumpfte noch. Innerlich. Immer kleiner wurde ich. Wenn ich sah, wie ein anderes Kind von seinem Vater einen Schal umgelegt bekam, weil die Nacht kalt geworden war und es im Bus keine Heizung gab, fühlte ich mich allein, denn auch ich fror. Ich war dünn, (bin es heute noch) und die Kälte fraß an meinen Knochen, nur dass dies niemand ernsthaft interessierte. Ich hatte Hunger und konnte es nicht fassen, dass die anderen Kinder etwas in den Mund gestopft bekamen und man mich einfach vergaß. Wie geht das? Wie kann man sein eigenes Kind füttern und ein anderes, das einem anvertraut worden ist und nun dasitzt und mit großen Augen zusieht, (wahrscheinlich habe ich das getan) vergessen? Was heißt *vergessen?* Stimmt strenggenommen gar nicht. Das ist ja etwas, das damit zu tun hat, nicht dran gedacht zu haben. Aus Versehen an Dinge nicht zu denken, kennt ja jeder. Es war mehr als das: Ich saß direkt daneben und spielte keine Rolle, wurde ganz absichtlich übergangen. Es war ihnen völlig egal, ob ich Hunger hatte oder fror. Das ist mir in diesem Moment

klargeworden. Der Bissen, den sie mir hätten abgeben können, würde vielleicht später zum Überleben eines ihrer eignen Kinder fehlen. Auf der Flucht denkt man zuerst an sich, nicht an andere. Das ahnte ich in dieser Nacht bereits. Ich wünschte, es wäre auch jemand bei mir gewesen. Einer, der eine Decke oder ein Stück Brot für mich gehabt hätte. Ein Arm, der sich um meine Schultern gelegt hätte, wäre gut gewesen, so etwas in der Art – gab es aber nicht. Das Jammern sollte man sich sparen, weil es zu nichts tauge ist, aber ich habe mich schon tierisch schlecht gefühlt. Das muss ich zugeben.

Vor uns lag die Ungewissheit und wir wussten: Die Fahrt würde gefährlich werden, denn sie führte durch von den Taliban besetztes Gebiet. Hier in Deutschland steigt man in einen Bus und fährt von A nach B. Die Straßen haben Namen und sind vernünftig geteert und jemand überprüft in regelmäßigen Abständen die Sicherheit der Busse. Wir aber fuhren mit einem klapprigen Ungetüm mitten durch die Wüste und es braucht nicht viel, sich vorstellen, es hätte auch liegenbleiben können.
Ich saß ganz hinten, konnte also nicht sehen, was vorne passierte, weil Leute im Flur standen und die Sicht versperrten. Jedes Mal, wenn der Bus hielt, schlug mir das Herz bis in den Hals. Immer diese Angst! Die Taliban waren überall. Die Reise hätte jederzeit zu Ende sein können. Sie stoppten die Busse und man konnte von Glück reden, wenn sie einen nicht gleich erschossen.
Das sieht man sonst nur im Film, ist aber nicht einfach so daher gesagt. Kein Mensch weiß, wie viele Leben auf das Konto der Taliban gehen. Ein Menschenleben ist für sie nicht viel wert.

Jede Kontrolle löste in mir Schweißausbrüche aus. Ich hatte im Radio gehört, wie grausam sie zuschlugen. Im günstigsten Fall würden sie nur meine Sachen stehlen, aber ich hatte ja ohnehin kaum was. Es konnte aber auch sein, dass sie mich verschleppen würden.
Ihre Gewehre hatten sie stets schussbereit im Anschlag und man konnte wenig tun, um seinem Schicksal zu entgehen. Die Situation war unberechenbar.
So etwas ist wahnsinnig schwer auszuhalten. In der Regel will man ja ganz gerne wissen, worauf man sich einlässt. Wenn man nichts tun kann, ist das kein gutes Gefühl.
Manche der Leute im Bus sprachen über ihre gescheiterten Fluchtversuche, gaben Tipps und wer wollte schon beurteilen, ob sich damit wirklich etwas anfangen lassen würde, aber ich sperrte die Ohren auf. Aus dem Unglück anderer ließ sich vielleicht was lernen. Es gab viele kleine Dinge, die man beachten sollte. Ich weiß nicht mehr genau, wo wir überall gewesen sind. Bis nach Nimruz zumindest hatten wir es dann erst einmal geschafft. Das waren in etwa achthundert Kilometer.
In Nimruz strandeten viele Flüchtlinge und probierten von dort aus weiter nach Pakistan zu kommen. Nicht alle schafften es. Es gab welche, die einfach hängen blieben, weil sie den Anschluss an ihre Gruppe verloren hatten oder zu krank waren und zu schwach. Hunderte lebten auf den staubigen Straßen. Man sah ihnen am besten nicht in die Augen, weil es dort nichts mehr zu finden gab. Sie hatten aufgegeben, irgendetwas an ihrem Schicksal ändern zu wollen. Das war das eigentlich Schlimme. Ich hatte immer Angst, dass deren Mutlosigkeit auf mich abfärben würde. Ich wollte schnell weg von hier! Überall gab es Drogen. So viele Süchtige!

Sie betäubten sich und ihr einziges Ziel war, dies auch zu bleiben. Man kann sich das nicht vorstellen, wie die Leute da leben und noch weniger kann man sich vorstellen, wie viele es gewesen sind. Das war ein ziemliches Elend. Sie lebten auf der Straße, hatten nichts und würden auch nichts bekommen. Wie sie ihre Drogen finanzierten, wollte ich lieber gar nicht wissen. Damals kam mir das schrecklich vor, aber ich sollte noch ganz andere Sachen sehen und erleben. Gut, dass ich das da noch nicht wusste.

Unser Schlepper, ich glaube, so nennt man die Leute hier, die einem eine Menge versprechen und ihr Geld durch das Schicksal anderer Leute verdienten, war nicht wirklich glaubwürdig.
Alle, die anboten, Flüchtlinge weiterzubringen, standen in Konkurrenz zueinander. Es ging immer ums Geld. Überall bot sich einer an, der es besser wissen wollte. *Gib mir Geld. Ich bringe dich da und da hin. Dort kenne ich jemand und der bringt dich dann weiter.* So in der Art lief das.
Meine Mutter hatte mir etwas Geld gegeben, dass ich im Socken versteckte … Natürlich verriet ich das erst mal keinem. Es abgeben zu müssen, ohne was davon zu haben, auch davor hatte ich Angst. Ohne Geld kam man nicht vorwärts. Jede noch so kleine Unterstützung kostete was.
Ein Schlepper erzählte schlimmere Geschichten als der andere. Sie übertrafen sich gegenseitig. Der eine behauptete, »die Grenze ist auf!«, einer, der es besser wissen wollte: »Sie ist zu. Absolut dicht. Kein Durchkommen, vergesst es! Glaubt mir.«

Letztlich war alles gelogen. Jemandem aber musste man vertrauen, sonst ging es nicht weiter.
Mit einem also gingen wir nach Hause. Ein netter Kerl und ich war für den Moment zufrieden. In zwei, drei Tagen würde es weitergehen, versprach er. Wir kamen für kurze Zeit zur Ruhe, aßen und schliefen uns richtig aus. Das war etwas ganz Besonderes. Darüber macht man sich normalerweise nicht so viele Gedanken, aber auf der Flucht wird man bescheidener und sogar demütig.
Die Ruhe tat uns gut, dann aber hieß es plötzlich, die Taliban habe sich mit der Polizei Gefechte geliefert und nun sei der Grenzübergang tatsächlich zu. Vielleicht stimmte es, vielleicht aber auch nicht. Egal, wir mussten jedenfalls weg.

»Ich kann nichts mehr tun für euch«, sagte der Mann, auf den wir unsere Hoffnung gesetzt hatten, und uns blieb nichts anderes übrig, als die Sachen zu packen und in ein Hotel zu ziehen und dort zu warten. Wenn ich Hotel sage, meine ich keines, wie es Messegäste in Frankfurt erwarten können, aber es gab billige Zimmer und von irgendwoher kam etwas zu essen.
Was jetzt blieb, war, auf jemanden zu hoffen, der uns weiter bringen konnte. Schließlich glaubten wir einem Mann, der unseren Schlepper als Lügner bezeichnete und der uns versprach, von einem Weg über die Grenze zu wissen, den er uns zeigen wollte. Das hörte sich nicht schlecht an, aber wir kannten ihn nicht. Nun sollten wir ihm vertrauen. Das war immer so eine Sache, aber was hätten wir anderes tun sollen? Also folgten wir ihm.

Ein Pritschenwagen, ich glaube, so nennt man diesen Typ Auto, wartete auf uns. Man winkte uns rüber. Sechzehn Personen zusammengepfercht auf der Ladefläche und ich, auf dem unbequemsten Platz – wen wundert es? Hinten, da wo es keinen Halt mehr gibt, mit der Angst im Nacken, einzuschlafen. Würde ich die Kontrolle verlieren und einfach runterfallen, es hätte sich niemand daran gestört. Die anderen wären über den Platz, den ich frei gemacht hätte, froh gewesen. Ich wäre auf der Straße liegen geblieben, auch das wusste ich, und die nachfolgenden Fahrzeuge hätten mich überrollt und fertig. Viele sind so gestorben.

Kinder, deren Mütter es gut gemeint haben und die ohne Schutz waren, gingen schnell verloren. Wie viele Kinder dieser Welt im Krieg oder auf der Flucht ums Leben gekommen sind, weiß ich nicht und will es auch gar nicht wissen. Ich aber wollte nicht vom Laster fallen und hielt mich wach, klammerte mich an irgendetwas fest, von dem ich hoffte, dass es mir Halt geben würde und betete. »Allah hilf mir!« (So nennen wir Gott bei uns, aber das wisst ihr wahrscheinlich.)

In solchen Situationen vertraue ich ihm. Er weiß, wie es für mich in meinem Leben weitergeht. Das hat mir geholfen, die Angst zu besiegen.

Die Einsamkeit aber ist schlimmer als jede Furcht. Wenn man sich alleine fühlt, ist das kein gutes Gefühl und auch auf dieser Fahrt habe ich mich scheißeinsam gefühlt.

Die Geschwindigkeit, mit der wir gefahren sind, war schon der helle Wahnsinn. Ich kann mich nicht erinnern, dass ich jemals rasanter unterwegs gewesen wäre. Je schneller wir fuhren, desto besser. Auf den riesigen freien Flächen, auf denen nicht mal Bäume wuchsen, sah man uns nämlich kilometerweit. Es dauerte nicht lange und mir taten alle Knochen weh. Ich hatte Schmerzen, die auch nicht weniger geworden sind, wenn ich mich mal nach links oder rechts gedreht habe. Das lag auch daran, dass nicht viel dran ist an mir. Zudem konnte ich mich nicht gescheit festhalten. Die etwas bequemeren Plätze bekamen die anderen Kinder, die bei ihren Vätern saßen, oder ihren älteren Brüdern. Diejenigen, die mit irgendwem zusammen waren, der dafür sorgte, dass sie nicht die schlechtesten Plätze nehmen mussten, standen in der Rangfolge immer über mir. Ich hingegen musste nehmen, was übrigblieb und tröstete mich: Auch diese Fahrt würde irgendwann zu Ende sein. Man würde eine Pause einlegen … Pausen aber konnten wir uns nicht leisten. Die Gefahr, entdeckt zu werden, fuhr stets mit und die Schlepper wollten nur noch eins: uns möglichst schnell wieder loswerden.

Der Wagen donnerte acht Stunden lang durch die staubige Wüste. Straßen gab es nicht.

Wie immer sie die Orientierung behielten, ich weiß es nicht. Hätte ich alleine den Weg finden müssen, ich wäre aufgeschmissen gewesen. Alles sah gleich aus. Es gab so gut wie keine Orientierungspunkte.

Die Raserei ging solange, bis man uns anhielt. Da dachte ich schon, dass alles zu Ende war. Die Männer wurden gezwungen, abzusteigen. Ich war noch kein Mann, aber da machte man keinen Unterschied. In Afghanistan zählt man als Mann, sobald man die rechte von der linken Hand unterscheiden kann, spätestens aber mit zwölf.

Mit zwölf sitzt bei uns ein Junge auch nicht mehr bei den Frauen. In Deutschland ist das anders. So vieles ist hier anders. Ich kann mich nur immer wieder darüber wundern.

Die Männer, die nun bedrohlich vor uns standen, waren

bewaffnet und wollten Geld, auch mein Geld, dass ich mittlerweile bei Parwana versteckt hatte und das sie nun nahmen.
Immerhin erschossen sie uns nicht. Das war schon mal was. Und dann schickten sie uns zu Fuß los. Nur die Frauen fuhren weiter. Wir mussten laufen. Wofür immer das gut sein sollte, es erklärte niemand. Man gehorchte, oder man lief Gefahr, dass was Schlimmeres passierte. Daran war auch niemand interessiert. So war das bei uns immer: Jemand kam, sagte, was man angeblich zu tun hatte und man tat gut daran, nicht zu widersprechen, sondern sich zu fügen. Egal ob einem das passte oder nicht. Das Leben zu behalten war immer wichtiger. Man kann wenig ändern an solchen Situationen. Wenn man zwölf ist, erst recht nicht.
Zu Fuß zu gehen, das bedeutet nicht, einen Spaziergang zu machen, sondern das ist eine echte Herausforderung. Man denkt nicht mehr, wenn man so lange läuft. Ohne trinken zu können, ist das Hirn leer. Wir liefen stundenlang, ohne Pause. Die Sonne brannte und ich kam bald an meine Grenze.

»Lauft weiter. Es ist gleich geschafft. Hinter dem nächsten Berg steht ein Auto, das euch weiterbringt«, rief einer von ihnen. Immer wieder Lügen. Kein Auto. Hinter dem nächsten Hügel war gar nichts. Wir liefen und liefen, ohne Wasser. Lauter schwarze Punkte auf den Wegen. Wie viele waren wir? Die sechzehn von unserem Laster, andere von anderen Wagen, aus Bussen, von sonst woher. Wir alle liefen und liefen, kamen aus unterschiedlichen Richtungen zusammen, wurden zu einem riesengroßen Schwarm – wie Ameisen auf ihrer langen staubigen Straße. Hunderte von Ameisen, tausende wahrscheinlich. Ein

Riesenstamm Wüstenameisen – und ich war eine von ihnen. Ameise Nummer achthundertunddreizehn vielleicht.

Aus den zwei Stunden, die man versprochen hatte, wurden vier, dann sechs. Ein ganzer Tag. Ohne Wasser. Durst ist schlimmer als Hunger, schlimmer als Heimweh. An nichts anderes habe ich noch denken können, als daran, endlich etwas zu trinken. Einen Schluck nur! Ich hätte sogar aus einer Pfütze getrunken. Trinken ist etwas ganz Wunderbares, nur, dass man das erst weiß, wenn man mal so richtig Durst gehabt hat. Durst zu haben, brennt tief in den Knochen. Man verwandelt sich bei lebendigem Leib in eine Mumie.

Dann war es so weit: Ich habe Wasser gesehen! Ich schwöre es: Da war ein Bach, der sich durch eine Senke schlängelte. Ein Fluss. Ich sah ihn, wie er silbrig glänzte, stellte mir vor zu trinken, darin zu baden.

»Wasser endlich Wasser! Da ist Wasser. Lasst uns hingehen!«, rief ich, wollte schon losrennen.

»Da ist kein Wasser, du Idiot!«

Man schlug mir mit der flachen Hand in den Nacken. Kein Wasser. Das Wasser war nur in meinem Kopf. Aber ich hätte schwören können: Da war Wasser! Bestimmt! Sie aber schlugen mich, trieben mich weiter.

»Kein Wasser!«

»Doch! Sieh hin!«

Das Wasser verschwand im Staub und mit ihm meine Hoffnung, endlich trinken zu können. Wo war es geblieben? Es sollte zurückkommen! Ohne ging es nicht mehr. Man spürt, wie man vertrocknet, ganz allmählich zu Leder wird, wenn man nichts zu trinken bekommt. Ich lief, ohne mich noch zu spüren. Wir alle liefen, ohne uns zu

spüren. Einen Schritt vor den anderen, ohne an etwas zu denken. Selbst an das Wasser nicht mehr. Sich weiterschleppen. Automatisch. Jeder Schritt schmerzte. Immer, wenn wir einen Berg raufgegangen waren, suchten wir den versprochenen Lastwagen, den es nicht gab und dann liefen wir, was blieb uns auch anderes übrig?, auf der anderen Seite wieder runter. Immer weiter. Wie lange noch? Es ist unglaublich, wie viele Berge es gibt. Das Rauf– und Runterlaufen nahm kein Ende. Meine körperliche Grenze war längst überschritten. Ich zumindest konnte nicht mehr, jedenfalls kaum noch, aber es ist unglaublich, wozu man in der Lage ist, wenn es keine andere Möglichkeit gibt. Von irgendwoher kam immer wieder ein kleiner Rest an Kraft, der mich weitertrieb. In dem einen Moment denkt man: Jetzt geht es nicht mehr, leg dich hin und warte einfach, bis es zu Ende ist und dann wieder, gibt man sich einen Tritt.
Wenn man überleben will, muss man sich zusammennehmen und weitermachen. Und irgendwie geht's dann auch. Keine Ahnung, woher ich die Kraft genommen habe, aber es hat funktioniert.

»Ganz bestimmt. Hinter dem nächsten Hügel.«

Wer sollte das noch glauben? Manche bekamen Angst, wollten nicht weiter, konnten einfach nicht mehr. Eine der wenigen Frauen, die zu uns gestoßen war, blieb sitzen und wollte, dass man sie zurückließ.

»Ich kann nicht mehr. Lasst mich. Geht alleine weiter!«

Es wäre kein großes Ding gewesen, sie sitzen zu lassen. So was ist oft passiert. Wer hätte uns einen Vorwurf machen sollen? Wenn man selbst ums Überleben kämpft, ist alles darauf ausgerichtet, jede Störung zu vermeiden und die eigenen Reserven zu schonen. Man sah nur noch nach sich selbst. Das sind Extremsituationen. Wir aber zerrten sie mit, machten ihr Mut, trieben sie weiter. Angst ist keine Lösung. Wenn man Angst hat, wird es wirklich schlimm. Dann geht es einfach nicht mehr. Angst lähmt einen, frisst einem den Mut von den Knochen. Gott aber hilft. Er kennt meinen Weg. *Allah bitte hilf mir! Bitte!* Ob es die Frau geschafft hat, weiß ich nicht. Ich hoffe es für sie.

Zwischendurch dachte ich an die Alten bei uns im Ort, denen ich so oft zugehört hatte und die »schon viele Kleider alt gemacht hatten.« So sagt man das bei uns, wenn sie einem erzählen wollen, was sie schon alles erlebt haben und dass sie alt und klug sind.

»Wenn du drüben bist, musst du Paschtu sprechen!«

»Warum das?«

»Frag nicht so dumm rum! Tu es einfach. Behaupte, dass du zum Arzt willst, kapiert?«

In Persien geht man also zum Arzt, wenn jemand fragt. Sie haben gute Mediziner dort. Das ist bekannt. Niemand wird fragen. Es wird keinen wundern, wenn ein junger gesunder Mann zum Arzt will ... Das soll einer verstehen, aber eines haben sie mir dann doch erklärt. Paschtu ist die Sprache, die man spricht, wenn man nicht sofort als Afghane auffliegen will und das ist wichtig, weil wir in Persien nicht besonders angesehen sind. »Sie behandeln uns schlechter als Hunde!« Die Behauptungen der Alten trafen zu, was ich aber damals noch nicht wusste und einem zu denken geben sollte, denn Hunde haben bei uns nicht gerade den Himmel auf Erden. Ich glaube, es wird deutlich, was ich meine.

Paschtu also soll ich sprechen, was ich ohnehin getan hätte, denn ich habe immer das getan, das die anderen mit mehr Erfahrung getan haben. Paschtu ist die Sprache meiner Mutter. Mit meinem Vater habe ich Dari gesprochen. Ich habe also eine Muttersprache und eine Vatersprache, wenn man so will. Das ist schon etwas Besonderes. Dari kann ich perfekt. Es macht mich stolz zu sprechen, wie es mein Padar getan hat. Mit Padar spricht man bei uns seinen Vater an, so wie hier »Papa«, oder »Vati«.

Eigentlich habe ich nur noch meinen Stiefvater, aber für mich war er immer wie ein richtiger Vater.

Was mit meinem leiblichen Vater ist, weiß ich nicht. Meine Mutter spricht nicht darüber. Als ich zwei Jahre alt war, ist er verschwunden. Wohin weiß ich nicht, ob er noch lebt, auch nicht. Es ist nicht gut, seine Wurzeln nicht zu kennen. Ich habe oft danach gefragt, aber sie hat geschwiegen wie ein Grab. Sie hat eine unnachahmliche Art, unangenehme Fragen zu überhören. Irgendwann habe ich einfach von ganz alleine aufgehört, etwas wissen zu wollen. Es kann alles Mögliche mit ihm geschehen sein. Vielleicht will meine Mutter mich auch nur vor der Wahrheit schützen. Es kann aber ebenso gut sein, dass sie selbst nicht genau weiß, was damals mit ihm passiert ist. Es war sicherlich nicht einfach für sie. Mit sechzehn allein mit mir – ihrem zweijährigen Sohn. Normalerweise ist das eine wirklich ziemlich ausweglose Situation für eine Frau in Afghanistan.

RB hat mich mal gefragt, wie das für meine Mutter funktioniert hat. Eine berechtigte Frage, denn bei uns kommt nicht einfach ein Familienhelfer vorbei, der vom Amt bezahlt wird, da landen solche Frauen mit ihren Kindern oft auf der Straße. Meine Mutter hatte Glück: Mein Großvater hatte einen guten Freund und der wiederum einen unverheirateten Sohn und so hat man die Angelegenheit schließlich doch wieder in geordnete Bahnen gebracht. Ein Deal, von dem beide was hatten. So regelt man die Dinge bei uns. Bei uns gibt es kein Amt zu dem man hingehen und Unterstützung beantragen kann. Es interessiert keinen, wenn jemand in eine Notlage gerät.

Doch zurück auf die Ameisenstraße: Der Durst wurde immer schlimmer. Wenn man so etwas erlebt hat, vergisst man es niemals wieder. Wenn ich bei RB bin, sehe ich zuerst in den Kühlschrank ob Saft und Wasser da ist und kippe Unmengen von Schorle ab, wenn ich bei ihm bin. Vielleicht trinke ich auf Vorrat, falls ich mal wieder Durststrecken zu überbrücken habe. Ich weiß es nicht. RB hat mal so eine Andeutung gemacht. Manchmal frage ich, ob ich mir eine Flasche zusätzlich mitnehmen darf und freue mich, weil er es mir immer erlaubt. »Wie ein Kamel«, sagt er dann und grinst, »die saufen auch zwanzig Liter auf einmal.«

Die Hitze war ganz und gar unerträglich. Die Vorstellung, irgendwo in den Bergen liegen zu bleiben, hatte ich deutlich vor Augen, aber ich wollte weiter. Nur nicht hinsetzen! Sich nicht kampflos der Erschöpfung ausliefern! Ja nicht aufgeben. Ich habe jede Faser gespürt. Alles tat mir weh. Das gibt es wirklich. Der ganze Körper tut einem weh, innen und außen. Selbst wenn man atmet, brennt es von innen. Als würde man ganz langsam verbrennen. Man atmet Feuer. Lange würde es nicht mehr gut gehen. Die Wege waren manchmal sehr schmal und gefährlich. Ein falscher Schritt hätte gereicht, und ich wäre abgestürzt. Wenn man nichts zu trinken hat, kommt man irgendwann automatisch ins Taumeln. Alles nicht so einfach, wenn die Stege immer schmaler werden, der Boden immer mehr nachgibt und die Augen schon längst vom eigenen Schweiß brennen. Die Steine, die sich unter meinen Füßen lösten, fielen tiefe Abhänge hinunter. Wenn jemand nicht mehr das Tempo halten konnte, kam die ganze Gruppe ins Stocken, weil keiner überholen konnte, ohne Gefahr zu laufen, abzustürzen. Wenn man stehenblieb, hielt man alle auf. Also riss man sich zusammen, biss die Zähne aufeinander und holte alles aus sich raus, nur um nicht derjenige zu sein, der alle in Gefahr brachte. Selbst die erwachsenen Männer konnten nicht mehr. Jeder weitere Schritt war harte Arbeit. So bleibt es, habe ich gedacht. So geht es immer und immer weiter, bis ich zusammenbrechen und die anderen mich wie ein lästiges Hindernis die Böschung hinunterwerfen werden, damit sie weiterlaufen können. Aufgeben aber gab es für mich nicht. Ich wollte unbedingt weiter. Unbedingt! Ich biss mich durch.

Und dann, als ich schon nicht mehr daran geglaubt habe, tauchten tatsächlich am Horizont Häuser auf. Häuser!

Man kann sich nicht vorstellen, was man da empfindet. Häuser sind in solchen Augenblicken wie der Himmel! Etwas ganz Wunderbares! Als wäre man schon am Ziel. Man spürt ein großes Glück in seiner Brust, versucht einen Freudenlaut von sich zu geben, bringt aber höchstens ein Krächzen raus, so ausgetrocknet ist man.

Wenn man den ganzen Tag ohne zu trinken gelaufen ist, ist man um Jahre gealtert und sieht jedes Lebenszeichen als etwas Wunderbares an. Dort, wo Menschen wohnen, gibt es auch Wasser! Wasser!

Haifischbiss

Die im Kinderheim sagen, dass ich ziemlich überdreht bin. Ich merke das selbst oft nicht, glaube aber, dass sie recht haben. Dass ich das alles hinter mir habe lassen können, macht, dass ich mich oftmals unbändig freue und unheimlich dankbar bin.
Ich kann nicht genug vom Leben bekommen und davon, mich zu bewegen, Spaß zu haben, andere zu ärgern und mich, wie damals in Afghanistan, dafür jagen zu lassen. Einmal habe ich aus lauter Übermut RB so fest umarmt und hochgehoben, dass der sich fast einen Rückenwirbel verrenkt hat. Er hat vor sich hingeflucht und mich ein bisschen beschimpft. RB nennt mich »den Verrückten« und behauptet, dass ich anstrengend bin. Vielleicht liegt das daran, dass ich natürlich unter den Bedingungen, die hier herrschen, nie ganz ausgelastet bin. Kaum noch körperliche Herausforderungen. Dabei würde ich gerne den ganzen Tag klettern.

»Du bist keine Ziege«, sagt er. (Sicher bin ich mir da nicht). Irgendetwas treibt mich immer weiter an. Ich könnte mich fast so fühlen wie die anderen Jugendlichen auch, aber es gibt etwas, dass mich sehr belastet: Meine Angst, sie könnten mich vielleicht zurück nach Afghanistan schicken. Das geht nicht. Ich würde nicht mehr klarkommen, dort, wo ich herkomme. Mein größter Wunsch ist, hierbleiben zu können. Bitte lasst mich hierbleiben. Ich tue niemand etwas. Ich möchte arbeiten. Am liebsten würde ich Banker werden, aber sie sagen, ich solle besser nach der Schule eine Ausbildung machen. Wer in einer Ausbildung ist, wird erst mal nicht abgeschoben und hat danach zwei Jahre Zeit, sich eine Festanstellung zu suchen. Sollte man eine finden, darf man bleiben. Auch so eine Regel, die mir Angst macht. Was, wenn ich keine

Ausbildung finde? Aber Regeln ändern sich und noch mache ich Schule. Mal sehen, wie die Dinge danach stehen. Ich hoffe sehr, dass sie mich nicht zurückschicken. Als ich vierzehn geworden bin, haben sie meine Fingerabdrücke genommen. Erkennungsdienstliche Erfassung nennt man das, um mich später schneller identifizieren (und abschieben zu können). Man fühlt sich komisch, auch weil die Beamten nicht besonders nett waren. Viele machen sich nicht klar, dass man noch ein Kind ist, fast jedenfalls, und eine Menge erlebt hat. Fingerabdrücke nimmt man, so kenne ich es aus den Filmen, wenn ein Verbrecher festgenommen worden ist. Ich aber habe mir nichts zu Schulden kommen lassen, außer, dass ich in Baghlan nicht bleiben konnte. Aber ich weiß, dass man nicht automatisch als Krimineller angesehen wird, es ist nur ein bisschen so als ob. Zwischendurch, zumindest über Tag, schiebe ich den Gedanken, wieder zurückzumüssen beiseite, versuche, ganz normale Stunden zu haben und wie alle anderen zu sein. Meistens gelingt mir das auch, und ich habe viel Spaß. Nur nachts dann, wenn ich schlafe, träume ich oft. Oft schon habe ich geträumt, sie würden mich in ein Flugzeug zerren, um mich zurückzufliegen. Dann wache ich nass geschwitzt auf und bin froh, dass es nur ein Traum war.

Ich habe lange auf die Erwachsenen einreden müssen, um endlich wieder Fußballspielen zu dürfen. Meine Herren, was haben die für Bedenken gehabt. RB hat sich mit der Idee erstmal gar nicht anfreunden können. Das hat mit meiner missglückten Operation zu tun.

»Menschen, wie du, sollten still in der Ecke sitzen bleiben«, hat er gesagt und meine Rippe ins Spiel geführt.

Die, die man durch die Haut schimmern sehen kann. »Ein Schuss, so richtig draufgeballert und du liegst wieder im Krankenhaus! Glaub nicht, dass dich da jemand besuchen wird«, hat er gedroht. (Natürlich würden sie das tun, wenn es hart auf hart käme und er ganz sicher auch).

Schließlich durfte ich mit leichtem Training anfangen. Aber während der Stunden, die ich auf dem Sportplatz verbrachte, war ja keiner von den Besorgten da und was heißt eigentlich »leichtes Training?«

Ich bin sehr lange beim »Sie« geblieben, wenn ich mich mit RB getroffen habe. Das fand er komisch, weil viele der Kinder und Jugendlichen ihn duzen und sowas auch üblich ist, besonders dann, wenn man eine so intensive Zeit miteinander erlebt hat.

Manchmal mache ich das auch, um ihn ein bisschen zu ärgern, aber bei uns ist das »Sie« ein deutliches Zeichen von Achtung. Er ist immerhin eine Respektsperson und den spricht man nicht wie einen Kumpel an. Er aber behauptet, dass das mit dem Respekt in meinem Fall so eine Sache ist. Angeblich gehe ich ihm unheimlich auf den Wecker und habe ihm aus lauter Übermut fast die Wirbelsäule gebrochen ... wie gesagt. Er übertreibt maßlos. Ich wäre rotzfrech, bestätigen auch die anderen aus dem Team. Blödsinn. Nur, weil ich auf sein Alter anspiele?

Aber egal wie aufsässig ich oft bin, RB ist für mich eine echte Vertrauensperson, vor der ich große Achtung habe. Wir haben ein echt gutes Verhältnis. Er unterstützt mich, egal was passiert – wie die anderen Kinder im Heim auch. Das ist ein ganz tolles Gefühl.

Ich bin oftmals sehr entsetzt, wie Jugendliche mit Erwachsenen umgehen. Das sollte so nicht sein. Man schlägt nicht die Hand, die einen füttert. (Das ist auch so ein Spruch, den ich irgendwo aufgeschnappt habe).
Respekt ist für mich nichts Schlechtes.
Manchmal gehe ich RB ganz schön auf den Nerv, aber es macht einfach viel Spaß, ihn ein bisschen zu ärgern und es ist nun wirklich auch nicht so, dass er sich nicht wehren könnte.
Ich bin so voll von Leben, dass ich hin und wieder überschäume. Ich glaube, er kann nie lange sauer auf mich sein. Ich bin ein Junge, der alles Mögliche will und vorhat.
Dann aber, diese Seite gibt es auch: Ganz plötzlich, ohne, dass ich dagegen was tun kann, ist es da, das Gefühl, dass mir die Luft zum Atmen nimmt: Was, wenn ich nicht hierbleiben darf? Immer die gleiche Frage, die mich quält. Nachts liege ich oft wach im Bett und habe Angst. Ich sehe es vor mir, wie Polizisten vor unserer Tür auftauchen und mich abzuholen, um mich in ein Flugzeug zu setzen. Sie trösten mich dann – auch meine Anwältin, die ist wirklich nett – und sagen, dass ich sicherlich nicht abgeschoben werde, weil ich noch minderjährig bin. Ich aber träume. Fast immer. Dann bin ich in Afghanistan und weiß, es hat nicht geklappt mit Deutschland. Ich sitze auf einem staubigen Feld und weiß, ich kann nichts dagegen unternehmen, bin einfach wieder zurück und weiß überhaupt nicht, was ich tun soll. Es gibt nichts zu tun. Nichts.
Was bleibt, sind Angst und Trauer. Morgens, wenn ich wach werde, bin ich froh, dass alles in Ordnung ist: Bernd, oder wer auch immer im Dienst ist, treibt mich

an, mich zu beeilen, endlich zum Frühstück zu kommen, Zähne putzen soll ich und das Zimmer nicht wieder in einem so verheerenden Zustand hinterlassen. Als ob das wichtig wäre, aber sie bestehen drauf und setzen alles dran, mir das Leben schwer zu machen. Sie sind aber selten wirklich böse auf mich.

Es gibt auch fiese Leute, aber nicht bei uns im Kinderheim. Die sind alle nett, tun aber streng. »Gleiche Regeln für alle«, sagen sie – selbst für die »kleine afghanische Wüstenameise«. (Das mit der Wüstenameise haben sie von RB.) Ich mag ihr Gemecker. Auch das würde mir in Afghanistan fehlen. Ich bin so gerne hier.

Als ich sechzehn geworden bin, hat mich RB auf ein Bier eingeladen. Gut, ich habe ihn gedrängt und auf ihn eingequatscht, bis er uns in der Ferienfreizeit besucht und ein Bier »mit dem erwachsenen Mann« getrunken hat. Seitdem duze ich ihn, obgleich ich mich erst dran gewöhnen musste. Ich bin aber beim Nachnamen geblieben. Nachname und du – das ist ziemlich schräg.

In Deutschland fühle ich mich sicher. Abgesehen von den Ausnahmen, die ich eben beschrieben habe. Und dennoch: Fast wäre alles umsonst gewesen. Fast. Das hat mit meinem »Haifischbiss« zu tun, aber ich glaube, das muss ich erstmal erklären:

Im Dezember 2016 musste ich operiert werden. (Eine Sache, über die ich jetzt nicht so genau reden will.)

Ein paar Tage zuvor waren wir noch alle auf dem Weihnachtsmarkt und sind Karussell gefahren. (Auch da war ich ein bisschen überdreht, aber mir machen solche Ausflüge zusammen mit den anderen einfach wahnsinnig viel Spaß).

Fast die komplette Gruppe hat sich in so ein komisches rundes Ding gesetzt, dass man selbst drehen konnte und wir haben es fast abheben lassen! Corinna und die anderen Betreuer haben uns später erzählt, sie hätten in unsere Richtung gebrüllt, weil sie befürchtetet haben, dass wir rausfliegen könnten, aber sie sind im Getöse untergegangen und haben gelacht, als wir wie besoffen ausgestiegen sind.
Auf jeden Fall war es ein schöner Nachmittag! Abends sind wir noch zum Pizzaessen eingeladen worden, und ich habe mich mit einem Mädchen aus dem Heim angezickt und wir haben uns immer weiter hochgeschaukelt. Das passierte ganz automatisch. In einem gewissen Alter nerven uns Jungen die Mädchen einfach und die behaupten das Gleiche von uns. Na ja. Fast wäre jedenfalls die Stimmung gekippt. »Was setzt ihr euch auch gegenüber?«, haben RB und die anderen gefragt und Corinna hat uns ermahnt, die Kurve zu kriegen, sonst würde sie uns auseinandersetzen oder schlimmer noch: ohne gegessen zu haben, nach Hause schicken. Das wäre dann auch wieder eher peinlich gewesen und so haben wir uns dann doch zusammengerissen.
Die bevorstehende Operation hat mich sehr beschäftigt. Vielleicht war ich auch deshalb ein bisschen verspannter als sonst. Auf jeden Fall war ich leicht reizbar. Dabei sollte die OP eigentlich nichts Schlimmes sein. Üblicherweise läuft so was glatt.

»Ein paar Stunden später bist du zurück und kannst uns wieder nach Herzenslust auf den Wecker gehen«, hat RB gesagt. Am Morgen danach sollte ich wieder laufen und alles machen können. Das war beruhigend. Ein bisschen Angst hatte ich aber trotzdem. Normal. Wer hat kein komisches Gefühl wenn jemand an einem herumschneidet? RB hat den Arm um mich gelegt und mich ein wenig getröstet. Er hat mir ein paar Sachen erklärt, so ein Gespräch zwischen Männern war das, und schließlich war ich dann auch halbwegs ruhig.

»Wird schon schiefgehen«, so was in der Art habe ich dann gesagt und wusste natürlich nicht, wie recht ich damit haben sollte. Es gibt so Tage, an denen hat man von vorneherein ein komisches Gefühl. So als habe man in der Nacht zuvor schlecht geträumt, würde sich aber nicht mehr erinnern. Wir betraten die Praxis und ich dachte gleich: Das ist kein guter Ort für dich und habe mich getröstet, dass ich nicht lange hierbleiben würde.

Gleich nach der Operation nämlich fing das Drama an: Ich habe gemerkt, dass etwas schief gegangen war. Man spürt so was. Ich bin wach geworden und dachte: Das hat nicht funktioniert! Mir ging es so schlecht! Ich wollte mich zusammenreißen, wie ich es immer gemacht habe, wenn irgendwas schwierig gewesen ist, aber diesmal ging es nicht und das ist selten. Es war nicht so gelaufen, wie sie es sich gedacht hatten. In der Praxis hat das niemand ernst genommen.

»Alles normal«, haben sie gesagt und mich erst mal nach Hause geschickt. Nichts war normal! Auch, dass der Arzt nach Zigaretten gerochen hat, war nicht in Ordnung.

Nicht, dass Ärzte nicht rauchen dürfen, aber es macht keinen guten Eindruck, wenn jemand in einer Arztpraxis riecht, als sei er gerade aus einer Kneipe gekommen und habe einen draufgemacht. Schon gar nicht, wenn derjenige gerade eben jemanden operiert hat. Irgendwie strahlte er nichts aus, was mich dazu gebracht hätte, der ganzen

Sache Vertrauen zu schenken. Ihm schon gar nicht. Er ließ uns ziehen, dabei ging es mir da bereits echt hundsmiserabel. Ich konnte nicht wirklich gut laufen, kam kaum die Treppe runter. Carrol, mein Mentor, (wir sagen »Bezugserzieher«, auch wieder so ein komisches Wort), hat mich abgeholt und auch er hatte überhaupt kein gutes Gefühl. Aber sie haben auch ihn beruhigt: Ahmed soll sich hinlegen. Es sei alles okay. Die Narkose vertrage man mal so und mal so. Sie wollten uns schnell aus der Praxis haben – so viel stand fest und was bleibt einem in einem solchen Fall übrig? Man kann sich ja schlecht ein Bett bringen lassen und einfach dableiben. »Alles ist okay«, behauptete eine der Schwestern.

Dass ich nicht lache! Nichts war okay. Ich bekam Schmerzen und habe gekotzt wie ein Reiher. Bestimmt ist es gleich besser, habe ich mir gesagt, aber ich kam aus dem Würgen gar nicht mehr raus. Das war echt schlimm. Ich will das hier nicht weiter beschreiben. Man soll ja noch weiterlesen können, ohne dass einem auch schlecht wird. Die Schmerzen waren keine gesunden. Was ich damit meine ist: Wenn man operiert wird, ist es ja normal, dass es irgendwie auch zu spüren ist, aber das war nicht so, wie ich es mir vorgestellt habe, sondern viel schlimmer. Noch nie in meinem Leben habe ich solche Schmerzen gehabt. Und dann kam das Fieber. Carrol hat gemerkt, dass etwas nicht stimmt, und als er sich meinen Bauch angesehen hat, ist er ziemlich erschrocken, denn alles war heiß und hatte sich in der Zwischenzeit blau verfärbt. Frisch operiert, und da wo reingeschnippelt worden ist, wird es blau – da kann man sich leicht zusammenreimen, was da passiert. So was kennt man aus den Arztserien und da geht es dann immer ziemlich hek-

tisch zu. Das alles war schlimm, aber kaum was im Vergleich zu dem, das noch auf mich zu kommen sollte.
Man kann sich so viele Sachen gar nicht vorstellen und wenn ich ehrlich bin: Das ist auch gut so. Wenn man immer wüsste, was auf einen zukommt, man würde ja echt durchdrehen.
Keiner ahnte, was mir bevorstand. Ich erst recht nicht, nur, dass etwas völlig aus dem Ruder lief. Die Schmerzen wurden bestialisch, geradezu unerträglich, und das Fieber stieg immer weiter.
Bei aller Scheiße, die einem im Leben passieren kann, gibt es aber die Momente, die das Allerschlimmste dann doch von einem abhalten. Ich habe oft daran gedacht, was passiert wäre, wenn Carrol nicht erkannt hätte, was zu tun war. Er hatte Dienst und hat gleich telefoniert. Auch wenn er bei jeder Kleinigkeit so tut, als würde die Welt aus den Fugen geraten, diesmal hatte er recht. Corinna und er haben sich besprochen und es war klar: Ein Krankenwagen musste her, und zwar sofort!
Der stand dann auch bald vor der Tür. Aber dann kam die nächste Katastrophe, denn der Fahrer wollte mich nicht mitnehmen. Ich war minderjährig! Ein Kind, das hier in Deutschland ins Krankenhaus kommt, muss von einem Erziehungsberechtigten begleitet werden.
Normalerweise ist das die Mutter, der Vater, oder eben, wie in meinem Fall, jemand anders, der damit beauftragt worden ist.
Jetzt muss man sich nur vorstellen, dass das bei mir eine ganz komplizierte Angelegenheit ist: Das Jugendamt hat mich als UmA, das ist die Abkürzung für: unbegleiteten minderjährigen Ausländer, erstmal in Obhut genommen. Ein Sammellager mit unglaublich vielen Leuten und

ziemlich furchteinflößend, erzähle ich aber später noch. Kein guter Ort für einen Zwölfjährigen, sagen die Behörden und deshalb kam ich ins Kinderheim.
In Deutschland kann man als Kind nicht alleine auf der Straße leben. Man hat ein Recht auf Erziehung und weil meine Eltern nicht hier sind, habe ich, wie in solchen Fällen übrig, eine Vormünderin vom Amt. Die muss entscheiden, was mit ihrem Mündel – das bin ich! – zu geschehen hat. Nur, dass abends im Amt niemand arbeitet und man in Fällen, in denen gerade eben ein frisch operiertes Kind offensichtlich zu Schaden kommt, was anderes zu tun hat, als jemand Zuständiges auf einer Behörde aus dem Bett zu klingeln. Dafür sind ja die Leute im Heim da, dass sie alles regeln.
Also waren die im Heim gezwungen, wie es unter diesen Umständen vorgesehen ist, alleine zu entscheiden und zu hoffen, dass ihnen kein Fehler unterlief. Gefahr im Verzug nennt man das. Aber so viel falsch war ja nicht zu machen. Ich musste ins Krankenhaus! Das stand fest, und zwar möglichst bald, weil ich einen auf »sterbenden Schwan« gemacht habe. Die Sache war ernst. Noch nicht mal ich selbst hatte irgendeinen Zweifel daran. Mir ging es so beschissen, dass ich nur noch wollte, dass es aufhörte. Es fühlte sich an, als hätte mich jemand bewusst aus dem Weg räumen wollen. Gift! Vielleicht hatte mir einer Gift gespritzt? Oder Säure, die mich von innen her auffraß. So verkehrt war das gar nicht, nur dass das in diesem Moment noch niemand wusste.
Bei allem was aus dem Ruder lief, war eines klar: Es gab ein Problem, und zwar ein richtiges: Das, mit dem Erziehungsberechtigten, der mich unbedingt begleiten sollte und nicht zur Verfügung stand und den man auch nicht

herzaubern konnte. Carrol redete auf den Krankenwagenfahrer ein. Der hatte auch gar keine Zweifel daran, dass die Angelegenheit ernst war, weil er ja meinen blauen Bauch gesehen hatte und ich immer noch am Kotzen war, mich also wenig in die Verhandlungen einbringen konnte, aber zwischenzeitlich wie ein Hochofen glühte. Er wollte mich aber nicht ohne Erwachsenen an meiner Seite mitnehmen.

Man musste ihm erstmal verklickern, dass es Regeln gab, die sicherlich sinnvoll, aber manchmal eben absolut nicht einzuhalten waren. In Deutschland aber ist das mit den Regeln unheimlich eng. Bei uns helfen schlimmstenfalls ein paar Scheine, oder etwas, das man im Gegenzug für den anderen tun kann. Aber hier ...?

Carrol hat also ziemlich rumgeschimpft und damit gedroht, alle Kinder aus dem Bett zu holen und mit ins Krankenhaus zu nehmen. Das wäre was geworden! Dann hat er noch von »Notfall« und »Haftung« gesprochen, so dass der Krankenwagenfahrer dann auch nicht mehr weiterwusste und wiederum mit jemandem telefoniert hat, der dann endlich »grünes Licht« zum Transport eines minderjährigen, unbegleiteten afghanischen Flüchtlings ohne Erziehungsberechtigten, (also tatsächlich im wahrsten Sinne des Wortes unbegleitet), gegeben hat.

Was für ein Gezacker!

In Deutschland wird unglaublich viel abgesprochen, was die Angelegenheit nicht immer leichter macht, aber mir war das eh egal. Mir ging es einfach nur schlecht und ich war dabei, den Löffel abzugeben. Genau so habe ich mich gefühlt.

Das war schon wieder ein bisschen lustig, zumindest im Nachhinein betrachtet: Da fliehe ich, mit kaum zwölf

Jahren über Monate, verhungere fast, lande im Gewahrsam, werde halbtot geschlagen, sehe tote Menschen und all die anderen schrecklichen Dinge und hier wollen sie mich nicht mitnehmen, nur, weil ich noch nicht erwachsen bin.

Doch weiter: Ich kam in die Uniklinik. Wieder lag ich alleine in einem Auto. Das kannte ich, und natürlich hätte ich auch diesmal gerne jemand bei mir gehabt, zum Händchenhalten und Trost zureden. Aber ich habe auch verstanden, dass man nicht sieben Kinder unbeaufsichtigt lassen oder, noch unvorstellbarerer: alle mit ins Krankenhaus nehmen kann. Wir hätten sicherlich Aufsehen erregt und wären über ewig im Gedächtnis der Schwestern und Ärzte geblieben, aber so war es dann doch besser und nervenschonender. Wir haben Kinder in der Gruppe, die kann man im Grunde keine zwei Minuten alleine lassen und sicherlich wäre dies der Situation nicht zuträglich gewesen. Man kann sich gut vorstellen, was die alles angestellt hätten.

Bald konnte ich an so was auch gar nicht mehr denken, denn die Schmerzen wurden immer heftiger und mir war so schlecht, dass ich die ganze Zeit weiter würgen musste und dachte, dass es schlimmer nicht mehr werden kann. Es gibt so Situationen, da denkt man das tatsächlich und dann wird man eines Besseren belehrt, denn es wurde noch schlimmer! Viel schlimmer.

Ein Arzt versuchte mit einem Tropf voller Antibiotika, alles in den Griff zu bekommen. »Morgen geht es dir wieder besser«, hieß es, aber der Arzt wirkte, als ob er selbst daran zweifelte und so war es dann auch: Es stimmte nicht. Nicht, dass mich einer der Ärzte bewusst angelogen hätte, sie ahnten nur selbst nicht, was noch passieren sollte. Die Schmerzen waren nicht in den Griff zu kriegen. Die Medikamente halfen nicht, und der Tropf schlug nicht an. Das war nicht gut.

Wenn ein Cocktail aus verschiedenen Medikamenten und Antibiotika nicht anschlägt und die Schmerzmittel nahezu ins Leere verpuffen, ist das nichts, was einem die Sorge nimmt. Im Gegenteil. Deshalb sind auch alle ziemlich nervös geworden.

Ich hingegen habe vor mich hingedämmert und die Einzelheiten, weiß ich gar nicht mehr so genau. Auf jeden Fall haben die Medikamente nicht gereicht und die Ärzte, die ständig vor meinem Bett aufgetaucht sind, sahen auch nicht mehr entspannt aus. Man kann ja bei einem, der ohnehin nur aus Haut und Knochen besteht, auch Medikamente nicht auf Teufel komm raus weiter hochdosieren, und die Ärzte warfen sich Blicke zu.

»Was machen wir jetzt?«

So was kann niemand gebrauchen. Ein ziemliches Hin und Her war das in den nächsten Stunden. Ich habe nicht mehr verstanden, worum es ging. Was um alles in der Welt war denn passiert?

Ich bekam einen Tropf nach dem anderen. Die aber waren auch nicht das Gelbe vom Ei. So hat es einer der Ärzte ausgedrückt, oder vielleicht war es auch ein Pfleger, keine Ahnung. Nichts half. Die Schmerzen fraßen weiter an mir rum und dann irgendwann hatte ich das Gefühl, dass alles den Bach runtergehen würde. Jetzt war ich bis nach Deutschland gekommen und dann so was.

So richtig viel hat mir dann niemand mehr erklärt, weil alle in Hektik verfielen und wahrscheinlich ohnehin davon ausgegangen sind, dass ich kein Deutsch verstehe. Das merkt man immer daran, dass die Leute viel zu laut und ganz langsam reden, so als sei man automatisch dumm und schwerhörig, wenn man aus einem anderen Land kommt. Das wäre eigentlich sehr lustig gewesen, ich aber fand gar nichts mehr lustig und zum Glück war ich von den Medikamenten doch ganz schön benebelt, sonst wäre ich mit Sicherheit ziemlich panisch geworden, denn mitten in der Nacht hieß es dann, dass ich nochmal operiert werden muss. Quatsch! Das konnte ja gar nicht sein. Ich musste mich verhört haben. Kein Wunder bei all den Medikamenten ... Aber dann haben sie mich im Schweinsgalopp weggeschoben.

Wenn man aufgrund einer kleinen Sache aufgeschnitten worden ist, denkt man sich nicht viel dabei. Sie würden eine winzige Korrektur machen und die Schmerzen wären endlich weg und der blaue Bauch auch. Wahrscheinlich hatte sich irgendeine Flüssigkeit angesammelt. Man würde sie ins Freie lassen und fertig. So was in der Richtung habe ich gedacht, wobei denken an dieser Stelle schon etwas übertrieben ist. Ich bekam nur noch wenig mit. So muss man sich fühlen, wenn man Drogen nimmt. Einer stand vor mir: Mundschutz, irgendetwas murmelnd, das ich nicht verstanden habe, Spritze in der Hand, dann ein kühles Gefühl, das mich fortgetragen hat. Gar nicht so schlecht unter den bestehenden Bedingungen. Hauptsache weg.

Als ich wach wurde, spürte ich erstmal kaum was. Ich trinke keinen Alkohol, Moslems tun das generell nicht, aber ich stellte mir vor, so müsste es sein, wenn man besoffen ist und irgendwo aufwacht und sich fragt, wie man da hingekommen ist. Eigentlich ist das nur so daher gesagt, denn ich stellte mir gar nichts vor. Ich war da und auch wieder nicht und hatte keine Ahnung von irgend-

was. Meine Augen waren irgendwann mal auf und sahen, dass alles weiß war. Mehr nicht. Aber ich weiß auch nicht genau, ob ich in dieser Nacht überhaupt noch mal wach geworden bin. Wenn man genügend Narkosemittel und Medikamente intus hat, kann man das eine vom anderen gar nicht mehr unterscheiden und was wann gewesen ist, weiß man auch nicht mehr.
Nichts von dem, was sie mit mir angestellt hatten und warum ich mich derart schlapp fühlte, kann ich noch beschreiben. Ich wusste nicht, wo und wie ich hergekommen war, nur, dass etwas Schlimmes passiert sein musste. Ich blinzelte: Immer noch alles weiß. Wann hatte ich das letzte Mal meine Augen offen? Eben? Oder vor ein paar Stunden? Nicht mal das konnte ich sagen.
Viel zu erkennen war nicht, als ich versuchte, mich umzusehen. Wo war ich? Auf dem Stuhl vor meinem Bett saß niemand. Warum nicht? Da war es wieder, das Gefühl, ganz allein zu sein.
Ich lag in einem riesigen weißen Krankenhausbett mit allem Schnickschnack und es war keiner da. Wie auch? Carrol würde erst nach seinem Dienst kommen können, aber vielleicht hatte er was anderes vor. Corinna? Wahrscheinlich würde die kommen. Unsere Heimleiterin, vor der ich mächtig Respekt habe und die ich sehr gerne habe. Alle habe ich sie gern. Carrol. Bernd. Larissa. Fred. Aber, dass gar keiner da war, das fand ich trotzdem schlimm. Wie auf der Flucht. Wieder allein. Das war kein schönes Gefühl.
Irgendein Arzt hat dann versucht, mir etwas zu erklären, was schwierig war, denn ich war völlig benebelt und das, was passiert war, hätte ich auch unter günstigeren Umständen kaum verstanden. Kapiert habe ich dann aber so

viel: Ich war gar nicht mehr da, wo ich in der letzten Nacht noch gewesen bin. Ich war von einem in ein anderes Krankenhaus verlegt worden.

»O ha!« Mehr habe ich erstmal gar nicht sagen können. Was kann man dazu auch schon sagen? In Frankfurt hatten sie mich eingeschläfert, ich weiß: Das Wort gebraucht man eigentlich, wenn Hunde alt geworden sind und wegmüssen, aber ich finde es lustig – und dann wachte ich woanders auf. Wo ich gelandet war, das wollte ich wissen.

»In Aachen«, sagte der Arzt.

Auch einer, der ganz laut und viel zu langsam gesprochen hat.

»Aachen?«

Was war das jetzt schon wieder?

Aachen hatte ich noch nie gehört. Vielleicht ein Vorort von Frankfurt? Jedenfalls irgendein Ort in der Nähe. Ich konnte mir das gar nicht vorstellen, dass man verlegt wurde. Bei uns zu Hause kann man schon froh sein, wenn irgendwer überhaupt da ist, der dich versorgt. Da kann man nicht auch noch große Ansprüche stellen.

»Die Kollegen haben dich in Frankfurt operiert. Das hat ein paar Stunden gedauert und jetzt bist du bei uns, weil wir hier einen Druckraum haben.«

Nichts von all dem habe ich kapiert. Aachen. Eine Stadt. Aha! Was aber war ein Druckraum? Bei Tauchern gab es so was, aber, was hatte ich mit Tauchern zu tun?

Die Operation, von dem Arzt, der so gerne geraucht hat, war das Problem. Beziehungsweise das, was im Anschluss geschehen war. Alles nicht so gut gelaufen. Es sei schwierig gewesen. Äußerst schwierig sogar. Mischbakterium. Verdacht auf Wundbrand. Was war das jetzt schon wieder? Brennen tat es nicht. Eigentlich tat mir gar nichts weh. Aber ich fühlte mich scheißschwach. So ähnlich, als sei ich halbiert worden. Ganz so falsch ist der Gedanke gar nicht gewesen. Ich sah an mir runter und entdeckte, eine Plane über mir. Eine mit einem Reißverschluss und Schläuche, die in und aus meinem Körper führten. Warum hatten die Ärzte gleich ein paar Stunden operieren müssen? Das kam mir alles ganz merkwürdig vor. So kompliziert hat das doch nicht sein können.

»Ich will zurück ins Heim«, sagte ich und die Ärzte grinsten mich irgendwie merkwürdig an. Voller Mitleid, würde ich sagen oder so, als hätte ich was ausgesprochen Naives gesagt.

»Da bist du wohl gerne?«

Ja genau, und je schneller ich dort wieder hinkommen würde, desto besser. Sie sollten anrufen, damit mich einer abholen käme. Ach ja. Mir fiel es wieder ein: Aachen. Wo lag das eigentlich? Ein paar hundert Kilometer entfernt. Na super!

»Ich will ins Heim!«

Ich hatte schon oft die Erfahrung gemacht: Wenn man unnachgiebig am Ball bleibt, hat man auch Erfolg. Sie sollten RB anrufen. Der würde kommen, um mich zu holen. Da war ich mir sicher.

»Ich befürchte, das wird nicht gehen ...« Der Oberarzt druckste rum. Fehlte noch, dass er geflüstert hätte. »Du wirst wohl noch einige Zeit bei uns bleiben müssen.«

»Nein, ich will lieber zurück.« Ich sah ihn beschwörend an. So, wie ich es immer mache, wenn ich etwas unbedingt erreichen will. »Das wird schon gehen.«, sagte ich und glaubte es auch. Er aber stand da in seinem weißen Kittel, lächelte versonnen und schüttelte mit dem Kopf.

»Du bleibst erst mal bei uns!«

Nein, das wollte ich ganz und gar nicht und würde ihnen auch erklären, warum dies auf keinen Fall ging. Wenn ich jetzt wen brauchte, um richtig gesund zu werden, waren es meine Leute aus dem Heim, aber noch bevor ich mich beschweren konnte, wurde mir ganz schummrig und ich schlief ein. Ich sah noch, dass der Arzt auf mich runtersah und immer noch lächelte. Dann war ich erstmal weg. Natürlich weiß man das in diesem Moment gar nicht und bekommt das erst mit, wenn man wieder aufwacht, weil man ja erst dann mitbekommt, dass man überhaupt weggetreten war. Es ist unglaublich, wie viel man schlafen kann.

Meine Sätze, das haben sie mir später erzählt, haben alle mit: »Ich will zurück ins Heim« begonnen.

»Das Heim muss ja ein toller Platz für dich sein«, haben sie da wieder gesagt, und ich muss sehr überzeugend genickt haben, denn sie grinsten wieder. Ich finde tatsächlich, dass ich Glück hatte, denn ich lebe im besten Kinderheim der Welt. Zumindest dann, wenn sie mich nicht zwingen, das Zimmer aufzuräumen oder über Gebühr häufig zu duschen. Das mit dem Duschen kann man auch übertreiben, finde ich, aber irgendwie gibt es ihnen gegenüber kaum ein Entkommen. Selbst die Fußnägel muss ich regelmäßig schneiden. Das muss man sich mal vorstellen. Über Fußnägel Worte zu verlieren, können auch nur welche, die das Meckern zum Beruf gemacht haben, glaube ich.

Wo liegt Aachen? Hoffentlich noch in Deutschland.

Ich verstand gar nicht, was passiert war. Die Ärzte waren nett, haben es mir erklärt, dass sie meinen Bauch operiert haben, der nun offen war. Deshalb die Plane. Damit

nichts reinfallen konnte. Es wurde immer kurioser. Plane ist sicherlich nicht der richtige Begriff, aber ich kenne mich bei solchen Dingen nicht wirklich gut aus. Warum war alles offen? Wenn man operiert wird, hat man eine vernünftige Narbe, die man später von Freunden begutachten lassen kann und fertig! Bei mir aber hatten sie den Bauch offengelassen. Auf jeden Fall war das gruselig. Was um Himmels willen war denn mit meinem Bauch?
Wahrscheinlich meinten sie etwas ganz anderes und ich hatte es nur nicht richtig verstanden. Ich habe noch nie gehört, dass jemand ganz bewusst einen Bauch offenlässt. Je mehr sie erklärt haben, desto weniger kapierte ich.
Nur ganz langsam setzten sich die Puzzleteile zusammen und das Bild, das sich ergab, was keins, dass ich sehen wollte: Sie hatten einen Teil von mir weggeschnitten: Großflächig, wie sie das ausdrückten. Als hätte ich von irgendwas zu viel gehabt. Wie soll man verstehen, wenn man plötzlich auf der einen Seite keine Bauchdecke mehr hat und einem die Muskeln fehlen?
Ich verstand gar nichts mehr. Man kann nicht einfach eine halbe Bauchdecke wegschneiden. Wie soll so was funktionieren? Dann sind sie gekommen und haben den Verband gewechselt und da habe ich es dann das erste Mal gesehen: Sie hatten keinen Witz gemacht und leider auch nicht ein klein wenig übertrieben, denn es stimmte: Der halbe Bauch war weg. Keine Haut. Keine Muskeln: Nichts! Ich will hier keine Gruselgeschichten erzählen, aber genau so ist es gewesen. Sie haben mir tatsächlich mein Sixpack rausgeschnitten! (Jedenfalls die eine Seite davon). Man kann einem Dreizehnjährigen nicht einfach sein Sixpack rausschneiden. Das hätten sie doch wissen müssen. Man trainiert und trainiert und dann: Alles für

die Katz! Für einen Jungen ist es wichtig, dass man so was hat. Man will schließlich die Mädchen aus der Klasse damit beeindrucken und den anderen Jungen klarmachen, dass sie keine Chance haben, gegen einen anzutreten oder zumindest schlechte Karten. Ohne Sixpack geht es nicht.
Ich aber hatte da, wo andere einen gescheiten Bauch haben, nur noch ein riesiges Loch, eine Wunde, die unverschlossen war, weil die Haut, – was hatten sie denn mit der gemach? – weg war. Haut, die einfach weg war. Das musste mir erstmal wer erklären. Und das Loch war so groß, dass man hätte ein Laptop in mir versenken können. RB hat meine Wunde dann später »Haifischbiss« genannt und behauptet, dass ich die Mädchen damit sicherlich tief beeindrucken würde. Ich müsste ihnen nur die Geschichte erzählen, wie ich im offenen Meer, den Kampf mit einem Fünf–Meter–Burschen gewonnen habe. Ein bisschen zu weit hergeholt für meine Begriffe. (Später habe ich dann erzählt, ich hätte eine Kugel abgekriegt und sei operiert worden. Das war allemal glaubwürdiger. Haie gibt es bei uns nicht.)

Neben mir lag ein Kind mit riesigen Kopf, das unglaublich laut mit den Zähnen geknirscht hat, sonst aber nicht viel tat. Nur knirschen. Echt gruselig. Die Eltern saßen bei ihm und ich war ein bisschen neidisch. Bei mir war natürlich erstmal keiner. Die Ärzte haben ständig mit denen vom Kinderheim telefoniert und mir anschließend Grüße ausgerichtet. Das hat geholfen. Dumm, wenn man kurz vor Weihnachten die Grätsche macht, denn in einem Kinderheim ist um diese Zeit die Hölle los. Die Leute können schlecht sagen: Ich setz mich mal eben in den Zug und fahre nach Aachen. So was muss organisiert werden. Man kann ja auch nicht das Haus mal eben für ein paar Tage schließen oder alle Kinder mitnehmen. Das alte Problem. Ich musste also erstmal alleine klarkommen. Nicht schön, aber nicht zu ändern. Gut, dass ich ohnehin fast nur geschlafen habe. Wenn man schläft, vergeht die Zeit, ohne dass man es merkt. In solchen Situationen ist das gut.

Abends aber haben wir telefoniert. Zumindest, wenn ich in der Lage dazu war. Das war wirklich gut und ich habe gespürt, wie besorgt alle waren.

Man kann unglaubliche Dinge überleben. Aber das wusste ich auch schon vorher, nur, das mit dem Bauch, war etwas anderes. Es hätte ja eigentlich auch gereicht mit dem Mist, denn ich bereits erlebt hatte, aber so was kann man sich eben nicht aussuchen.

Alle haben ziemlich ratlos um mein Bett rumgestanden. Ein ganzes Rudel von Ärzten und Schwestern, die alle wirklich nett waren, und ich, das Flüchtlingskind, habe mal wieder alle gerührt. Irgendwann habe ich dann verstanden, dass ich einmal mehr Geduld würde haben müssen. Keine leichte Übung!

Wie sollte das jetzt weitergehen? Jemand schneider ein Loch in meinen Bauch, klaut mein Sixpack und die Haut darüber gleich mit und dann? Man kann ja schlecht so rumlaufen. Das mit dem Fußballspielen würde erstmal nichts werden, haben sie gesagt, und ich wusste gar nicht, was ich darauf antworten sollte, und habe wahrscheinlich nur blöde vor mich hingestarrt. Ich hatte ohnehin das Gefühl, geistig nicht mehr auf der Höhe zu sein. »Das liegt an den starken Schmerzmitteln. Echtes Teufelszeug!«, sagte einer der Ärzte.

Ganz allmählich verstand ich auch, dass ich nur deshalb keine Schmerzen hatte, weil über alle möglichen Kanäle und Schläuche Flüssigkeiten in mich reingepumpt wurden. Das mit dem Pumpen meine ich so, wie ich es sage, denn alle paar Minuten tat sich was hinter dem Bett. Es hörte sich so an, als ginge ein Gebläse an, und unmittelbar danach war ich weg und blieb es auch erstmal.
Alle zwei Tage haben sie mich dann ganz ins Koma gelegt, um die Wunde zu spülen und neu zu desinfizieren. Echt krass. Ein Gruselfilm ist nichts dagegen! Deshalb die Plane mit einem Reißverschluss dran, sehr praktisch! Nur eine Frage blieb: Wie sollte das Loch jemals wieder zugehen? Das konnte ja so nicht bleiben. Man kann sich ja ganz gut vorstellen, was passiert wäre, wenn ich aufgestanden wäre.

»Wir haben da schon so eine Idee«, sagte der Chefarzt und sah dabei aus, als hätte er etwas wirklich Kluges von sich gegeben. »Wir nehmen von woanders Haut weg und machen damit den Bauch einfach wieder zu«, schlug er vor. Sehr witzig! Ich dachte, er verschaukelt mich. Von wo anders Haut wegnehmen ... Das musste doch zwangsläufig bedeuten, dass dann da ein neues Loch entstehen würde.

RB hat mir Kurzmitteilungen geschickt und als Anrede statt meines Namens ein blaugesichtiges Emoij ausgesucht. Das würde mir zum Verwechseln ähnlich sehen. (Ich mag seinen eigenwilligen Humor.) Mit den Leuten aus dem Heim habe ich abends, wenn ich konnte und nicht schon wieder ganz woanders war, weiter die Schreckensnachrichten des Tages ausgetauscht. Ich habe gemerkt, dass das nicht nur so ein Pflichtakt für sie gewesen ist. Sie wollten mir wirklich das Gefühl geben, nicht

alleine zu sein. So was hilft. Wenn man die Gewissheit hat, dass man nicht in Vergessenheit geraten ist, fühlt man sich gleich ein wenig besser. Später haben sie mir erzählt, dass sie alle geheult haben. Das hätte ich nicht gedacht. Nicht, dass es mir wichtig wäre, dass jemand wegen mir heult, aber es zeigte, dass wir uns mittlerweile wirklich nahe standen. Sie haben sich große Sorgen gemacht und ich war ihnen nicht egal.
Alle sind vor Weihnachten ein bisschen am Durchdrehen. Bei uns gibt es kein Weihnachten. Das hat es erträglicher gemacht, aber auf Geschenke freuen, konnte ich mich natürlich auch. Geschenke sind immer gut. In dieser Zeit denken alle von uns an die Familie, in der sie nicht leben können und so. Und auch ich sehnte mich nach meinen Eltern und den Geschwistern. Wenn meine Mutter gewusst hätte, was mit mir im Moment los war … sie wäre sicherlich sehr besorgt gewesen. Außer, dass ich an zu Hause dachte, war ich in Gedanken bei den Kindern, mit denen ich lebte. Alle fehlten mir. Selbst die, mit denen ich keine so großen Verträge hatte, weil sie mir auf den Geist gingen. Es gibt Kinder bei uns, die können wirklich ziemlich nerven, aber trotzdem fehlten sie mir. Das muss mir mal einer erklären.
Anstelle erleichtert zu sein, habe ich an sie gedacht und wartete auf Besuch. Sie hatten echt vor, zu kommen, einmal sogar schon eine Zugfahrkarte gekauft, aber dann kam auch noch eine Grippewelle. Ein Erzieher war noch im Urlaub, der mit Erkältung durfte nicht kommen. Alle nicht, die auch nur im Entferntesten eine Rotznase hatten. Sie sollten bleiben, wo sie waren, haben die Ärzte gesagt. Sie brauchten mich keimfrei und hatten mit Bakterien schon Probleme genug.

Im Dezember jemand zu finden, der nicht wenigstens ein bisschen erkältet ist, war gar nicht so einfach.

Mit dem kleinen Jungen, der mit dem riesigen Kopf, der fortwährend mit den Zähnen geknirscht hat, war wenig anzufangen. Man konnte sich nicht mal mit ihm unterhalten. Ich glaube, er hat kein einziges Wort von sich gegeben – nur Knirschen und hin und wieder einen grunzenden Laut. Dem ging es wahrscheinlich noch schlechter als mir. Weswegen er im Krankenhaus war, wusste ich nicht. Vielleicht, weil er einen so großen Kopf hatte. Der war wirklich riesig! Ich habe seine Eltern aber nicht danach gefragt.

Endlich kam Besuch: Corinna. Ich war so froh! Als sie ins Krankenzimmer kam, habe ich heulen müssen und gleichzeitig musste ich lachen, weil ich mich so gefreut habe, sie zu sehen. Ich habe ja bereits erzählt: Sie leitet das Kinderheim.
Ich habe ganz sicher einen ziemlich mickrigen Eindruck gemacht. Mir kamen ständig die Tränen und ich wollte nur, dass sie mich mitnimmt. Ich habe alle so schrecklich vermisst – sie logischerweise auch. Selbst ihr Schimpfen, wenn ich wieder mal nicht aufgeräumt oder die kleinen Kinder bei uns geärgert habe. Wenn einem selbst das Meckern fehlt, ist es schon weit gekommen, aber so war es.
Natürlich habe ich darauf gepocht, dass sie mir genau sagte, wann sie mich holen würde, aber das schien nicht ganz so einfach zu sein, denn sie druckste, wie die Ärzte es taten, rum. Egal wie – wenigstens zurück nach Frankfurt wollte ich. Das wäre schon mal ein Schritt gewesen.

Ich habe versucht, jedes Register zu ziehen, aber es war nichts zu machen.

»Vielleicht in ein paar Wochen«, hat sie gesagt und ich war mir nicht sicher, ob ich mich verhört hatte. In ein paar Wochen? Das ging nicht. Egal wie, ich konnte nicht mehr länger hierbleiben. Ich musste in die Schule zu meinen Freunden und zurück auf das Fußballfeld.

»Wann?«, wollte ich noch mal wissen.

»Erst, wenn die Wunde zu ist.«

Ich hoffte insgeheim, sie würde das mit den paar Wochen zurücknehmen und daraus ein paar Tage machen. Sie aber erzählte, was sie mit den Ärzten besprochen hatte und es schien für mich kein Entrinnen zu geben. Wie heilt ein Loch, das so groß ist, wie mein halber Bauch? Egal wie. Irgendetwas sollten sie mit mir anstellen, dass ich nicht mehr länger im Krankenhaus bleiben musste. Man kann sich ja leicht denken, dass es für einen, der sonst ständig umherklettert und auf der Suche nach jemand ist, dem er ein bisschen auf die Nerven gehen kann, echt schwer ist, ruhig auf dem Rücken zu liegen.

Auf einem Monitor an meinem Bett konnte ich fernsehen und ein paar Spiele machen. Besser als nichts, aber ich habe mich ernsthaft gefragt, wie es weitergehen sollte. Dann standen sie vor mir und erklärten mir, was sie vorhatten: Um den Bauch wieder verschließen zu können, brauchten sie Haut. Ich sagte ja schon: Das war alles etwas gruselig. (Haut, als ob die irgendwo rumhängt.)

»Die nehmen wir aus deinem Bein. Da schneiden wir ein schönes Rechteck raus und verschließen damit den Bauch.«

Mein Bein? RB behauptete, dass ich die Beine eine Heuschrecke hätte – nichts dran und irgendwie stimmte das auch. Ich sah auf mein Bein, dann wieder auf meinen Bauch. Das konnte jeder sehen: Das, was mein Bein zu bieten hatte, würde schlichtweg nicht reichen und die Ärzte, das war zu befürchten, den nächsten Murks bauen, aber so haben sie es dann tatsächlich gemacht: Fein säuberlich säbelten sie mir ein großes Rechteck Haut aus dem linken Oberschenkel und da, wie gesagt, meine Beine nicht besonders viel hergeben, weil ich eher zu den dünnen Jungen gehöre, mussten sie Löcher reinstanzen, um die Haut dehnen zu können. Meine Beine sind in etwa so dick wie anderer Leute Arme. Nach dem, was ich hinter mir hatte, war ich, das kann man sich ja vorstellen, zudem nicht unbedingt dicker geworden. Es war also fraglich, wie sie das anstellen wollten, aber irgendwie war das ja nicht mein Problem. Die Ärzte würden sich schon zu helfen wissen.

Am 19. Dezember haben sie die Transplantation gemacht. Das war nicht ganz so einfach, weil die Haut wirklich knapp war, aber man es unbedingt bei einer Operation belassen wollte. Ein bisschen Gezerre hier, ein bisschen Gestrecke da und dann war mein Bauch tatsächlich wieder zu. Die Haut hat also gerade so gereicht.

Spalthautdeckung nennt man das, soweit ich verstanden habe. Und damit alles hielt, haben sie mit 30 (wirklich riesigen) Metallklemmen die Haut über der Wunde angetackert. Wie das ausgesehen hat, kann man sich kaum vorstellen. Ich bin davon ausgegangen, man würde die Haut wenigstens annähen. Die Klemmen waren riesig, jede einzelne, mehrere Zentimeter lang. Wie immer die Ärzte die Dinger in meinen Bauch bekommen haben – manches will man ja auch gar nicht genau wissen – sie saßen und erfüllten ihren Zweck.

Nach diesem weiteren Eingriff habe ich mich nicht unbedingt besser gefühlt, aber zum Glück habe ich auch da wieder viel geschlafen.
Schließlich hat auch RB mich besucht. Was gar nicht so leicht zu organisieren war, weil ich zwischenzeitlich ständig ins Koma gelegt wurde, weshalb ich von seinem Besuch nichts mitbekommen hätte. Immer dann, wenn ich wach war, konnte er aber nicht. Aber dann hat es doch geklappt. Er hat mir erzählt, dass er eine ganze Zeit hin- und hergeplant hat. Fast hätte es früher funktioniert, nur, dass es da ein paar Hindernisse gab: Einmal fuhr die Bahn nicht, ein anderes Mal ist jemand seiner Kolleginnen krank geworden und er konnte nicht weg. RB hatte es dann aber geschafft und nun saß er da und sah ungläubig auf mein Bein und meinen Bauch und mir dann in die Augen. Das, was er gesehen hat, berührte ihn. Den Oberschenkel fand er gruselig, hat er gesagt, denn der heilte an der frischen Luft und lag da mit seinem knallroten Rechteck so offen rum und RB starrte mit fast wissenschaftlichem Interesse drauf.

»Dass man so rot unter der Haut ist ...«

Ein Rot, wie aus dem Farbkasten war das. Ich hätte es auch nicht gewusst, man sieht ja normalerweise keine Menschen, die ihre Haut eingebüßt haben. Sie hätten sein Bein nehmen sollen, hat er gesagt, da sei wenigstens was dran und ich habe irgendetwas Freches von mir gegeben. Ich glaube, dass man Haut für einen Bauch und nicht für einen Walfisch gebraucht habe. Daraufhin hat er gestrahlt.

»Wer schon wieder so frech ist, wird die Sache auch überstehen.« RB hat alles fotografiert – für einen zu erwartenden späteren Prozess, hat er gesagt.

Damals wusste ich nicht, wie sinnvoll das noch sein würde, aber in solchen Dingen vertraue ich ihm. Er weiß schon, was er macht. »Für den Fall, dass man dem Arzt nachweisen kann, dass etwas nicht ganz mit rechten Dingen zugegangen ist«, hat er gesagt. Das sind Fotos, die kann man keinem zeigen, es sei denn, man will, dass er in Ohnmacht fällt und ein paar schlaflose Nächte verbringt. Geeignet sind die höchstens für Halloween. Da wäre ich der unangefochtene Star gewesen.

RB, so dachte ich, wäre der Richtige, meine baldige Entlassung mit den Ärzten zu verhandeln.

Wenn einer was erreichen konnte, dann er. Üblicherweise kann er eine ganze Menge bestimmen und hat keine großen Schwierigkeiten, sich durchzusetzen. Wenn man ihn nicht gegen sich aufgebracht hat, gut. Wenn er richtig sauer ist, dann ist es besser, die Ohren anzulegen, denn dann kann es durchaus eng werden. Er sollte also schnell mit den Ärzten sprechen und meine Rückverlegung veranlassen.

Meine Frage, ob er mich mitnimmt, quittierte er damit, dass er sich an seinem Kaffee verschluckte, mir mitleidig über den Kopf streichelte und dann ganz breit gegrinst hat.

»Wenn ich dich hier abklemme und heimlich in den Aufzug schiebe, machst du schlapp, bevor wir auf dem Parkplatz sind«, hat er behauptet. Er übertreibt gerne und ich habe noch ein bisschen auf ihn eingeredet. Dann aber hat er plötzlich sehr ernst aus der Wäsche geguckt. »Du bist fast gestorben. Eine Stunde später und wir hätten uns nie wieder gesehen«, hat er gesagt und ein wenig mit den Tränen gekämpft, (glaube ich).

Der verarscht dich, habe ich gedacht. Aber im Gegensatz zu sonst, ist er bierernst geblieben.

»Sie verarschen mich ...«

»Oh nein. Ganz und gar nicht.«

Er hat mir erklärt, was passiert war, und ich habe verstanden, wie eng es wirklich gewesen ist, aber noch nicht absehen können, was das für mich noch bedeuten sollte. Ein Mischbakterium in der Wunde, Verdacht auf Wundbrand, der sich dann doch nicht bestätigt hat und und und. (Nekrosektomie mit Resektion M. rectus abdominis haben sie das später genannt, konnte ich mir aber beim besten Willen nicht merken.)

Was hatten die gemacht? Warum bin ich überhaupt operiert worden? Gewebe, das abgestorben war, totes Fleisch, alles schon ganz schwarz. Das mussten sie rausschneiden, damit die Infektion sich nicht noch mehr holt – mein Leben zum Beispiel. Eine Erklärung, die ich beim besten Willen nicht verstanden habe. Wie kann so was passieren? Das war die große Frage. Schwarzes Fleisch will kein Mensch.

RB hat es dann natürlich noch ein bisschen drastischer ausgedrückt:

»Das ist, als würdest du am lebendigen Leib verfaulen!«

»Quatsch!«

Die Ärzte sind richtig ernst geworden und haben von »einem langen Weg« gesprochen und mir erklärt, was man alles beachten muss, wenn man keine Muskeln mehr unter der Haut hat. Damit würde ich wohl mein Leben lang Spaß haben ...

Alles habe ich da zwar immer noch nicht verstanden, aber es war gut, zu hören, dass die aus dem Heim mich nicht alleine lassen und mir helfen würden. Ich wusste, dass sie das nicht einfach so hingesagt haben. (Später hat RB mir die Fotos gezeigt – krass!) Das will sich niemand wirklich freiwillig ansehen.

»Man muss genau hinsehen, damit man weiß, mit wem man es zu tun hat«, hat er gesagt und ich glaube, er hatte recht. Ich habe zwar so getan, als wäre nichts geschehen, aber nach seinem Besuch habe ich dann angefangen, zu kapieren, dass ich Hilfe brauchen werde. Er hat mich vorsichtig konfrontiert mit dem, was wirklich da war und egal wie sehr ich versucht habe, die Angelegenheit beschwichtigen zu wollen, es ist mir nicht gelungen.

»Das ist kein großes Problem für mich«

»Die Sache ist zu ernst für deinen Scheiß!«, hat er nur gesagt und erstmal vorsichtig in Aussicht gestellt, dass man ganz allmählich über eine Verlegung nachdenken könne. Die Wunde war zumindest erstmal geschlossen und dann durfte ich tatsächlich endlich nach Frankfurt zurück. Natürlich mit Krankenwagen.

Weihnachten im Krankenhaus lag hinter mir und dann kam Sylvester. Ein neues Jahr würde beginnen. Eines von dem ich noch nicht wusste, was es bringen sollte.

Ich hatte mich so auf Sylvester gefreut, weil ich das erste Mal in meinem Leben richtig viele Raketen in die Luft jagen wollte. Da habe ich vorher tagelang drüber geredet. Nun lag ich allein in einem Zimmer der Kinderchirurgie und stellte mir vor, wie meine Gruppe ohne mich feiern würde. Was sollten sie auch machen? Ein schönes Gefühl war das trotzdem nicht. Ich sah auf den bunten Himmel. Sylvester scheint irgendwie wichtig für mich zu sein, denn Ende Dezember, ein Jahr zuvor, war ich in Deutschland gelandet. Diesmal der »Haifischbiss«. Ich hoffe, beim nächsten Sylvester wird nicht wieder etwas passieren. Höchstens, was Gutes. Zum Beispiel, dass ich meine Familie wiedersehen kann oder so was.

Wenn mich jemand fragt, wie es mir geht, behaupte ich mit schöner Regelmäßigkeit, dass alles gut ist. Je breiter ich dabei grinse, desto eher glauben sie mir. Aber es passiert immer wieder: Irgendwo knallt es und ich hab alles wieder vor Augen: Sie schießen auf uns! Ich spüre dieses Ziehen in den Beinen, das mit Angst zu tun hat. Man kann sich gar nicht vorstellen, wie das ist, wenn man das Gefühl hat, vielleicht von einem auf den anderen Moment nicht mehr da zu sein, weil einer einen einfach weggeballert hat. So was bleibt. Tief im Inneren sitzt es und lauert darauf, dass eine Tür mit lautem Knall ins Schloss fällt, dass ein Luftballon platzt. Dann kann es passieren, dass ich Beklemmungen kriege und zittere. Das gebe ich nicht gerne zu, aber RB hat mir oft erklärt, dass meine Empfindungen wichtig sind und dass ich sie nicht alleine mit mir ausmachen muss. Anfangs habe ich eine ganze Menge Versuche angestellt so zu tun, als sei alles paletti und es hat lange gedauert, dass ich über das, was in mir vorging, ein wenig reden konnte. Wenn ich das getan habe, oder wir die Texte durchgingen, war ich wieder in den Bergen und duckte mich. Wie weit sind sie entfernt? Hundert Meter? Sie schießen, kommen näher! Haben sie uns gesehen? Wenn sie uns entdeckt haben, werden sie uns verfolgen und einige von uns mit ihren Gewehrkugeln treffen. Die Frage ist nur: Wen? Ich war doch noch ein Kind, fast jedenfalls. Man sollte nicht auf Kinder schießen. Auf niemand in der Welt sollte man schießen. Ihnen aber ist das völlig egal. Für sie gehört das Töten dazu.

Wer getroffen wurde, blieb liegen. Ärzte gab es nicht, Sanitäter auch nicht. Keiner der eine Kugel abbekam, hatte eine Chance, versorgt zu werden. Die anderen gingen vorbei, nahmen sich, was sie selbst für ihre Flucht gebrauchen konnten und ließen den Verletzen zurück. Was sollten sie auch anderes tun? Da war es schon besser, wenn man richtig erwischt wurde, gleich tot war und nicht lange rummachen musste. Dafür wird doch keiner geboren. Um irgendwo liegen zu bleiben, und ohne seine Familie zu sterben. Einfach so. Ganz alleine in den Bergen Afghanistans oder sonst wo.

Einmal habe ich in den Bergen einen leblosen Körper gefunden. Ich dachte erst, ein Esel wäre dort verdurstet, habe ihn vorsichtig mit dem Fuß angestupst. Dann habe ich mich zu Tode erschreckt und endlich kapiert: Es war ein Mensch! Mann oh Mann hat mich das gegruselt. Ein erwachsener Mann, der die Beine angezogen und sich ganz klein gemacht hat, lag vor mir. Wie ein Kind! Die ziehen auch die Beine an. Das war unheimlich. So was vergisst man nicht wieder. Das bleibt! Ein erwachsener Mann, kauernd wie ein Kind. Wenn seine Mutter wüsste, dass er so elend gestorben ist und man ihn nicht mal beerdigt hat. Ich hoffe, dass sie es niemals erfahren hat. So was ist schrecklich. Dass ein Leben so endet, ist so sinnlos. Ich habe oft daran gedacht, wie er gestorben ist. Vielleicht haben sie ihn einfach erschossen. Er bekam eine Kugel ab, hatte einen kurzen Schmerz und hat nicht mehr viel mitbekommen. So könnte es gewesen sein. Ein schneller Tod. Das wäre tröstlich, aber vielleicht ist er auch über Stunden verdurstet ... Was sind in einem solchen Moment die letzten Gedanken?

Viele sind nicht unter die Erde gekommen. Man gewöhnt sich dran. Zieht einfach weiter. Man hat auch keine Kraft, ein Loch zu graben. Womit auch? Und wie viele Löcher hätten wir graben sollen?
Ich erzählte keinem, wie sehr mich der Tote ängstigte, weil es keine Rolle spielte. Alle haben schon Tote gesehen und behauptet, es wäre nichts Besonderes. Doch: Es ist etwas Besonderes. Es sollte keine Menschen geben, die in den Bergen verdursten und einfach liegenbleiben.
Jeder Mensch sollte dort, wo er zu Hause ist, auch leben können. Zumindest glaube ich das. Keiner flieht gerne. Warum auch? Man will doch nur da sein, wo man aufgewachsen und zur Schule gegangen ist. Da, wo man sich nachmittags mit seinen Freunden getroffen hat, um mit ihnen Fußball zu spielen oder sonst etwas anzustellen. Was wohl aus meinen Freunden geworden ist? Den Jungs, mit denen ich mich herumgetrieben und Blödsinn angestellt habe? Zum Denken blieb kaum Zeit. Es hätte auch nicht geholfen, sondern mir nur Kraft geraubt.
Ich musste fliehen. Das Leben ist, wie es ist. Man kann wenig daran ändern. Wenn man flieht, denkt man nur daran, was als nächstes zu tun ist, wie man es anstellt, weiter mitzuhalten. Fliehen nimmt einen voll und ganz in Beschlag. Ein Ganztagsjob. Die Gedanken holten einen erst später ein: Noch heute wache ich auf und bin zurück in den Bergen, stippe mit dem Fuß noch einmal an den Eselsmann und erschrecke mich ganz fürchterlich.

Über Sylvester 2016 habe ich viel an all das gedacht. Zu viel Zeit zum Nachdenken und dann überall Raketen ... Ich aber durfte aufstehen, meine ersten Schritte machen.

Es ging also aufwärts. Nur RB stand nachmittags im Zimmer rum und hätte mich am liebsten getragen, so besorgt war er, ich könnte mit den dreißig Klemmen gleich wieder hinfallen. Er hat mich ein »zähes Biest« genannt und das war ein echtes Kompliment, denn niemand hatte gedacht, dass ich so schnell schon wieder aus dem Bett komme. Später hat er mir oft erzählt, dass ich so gut wie nie gejammert hätte. Ich glaube, das stimmt. Ich fand es gut, nicht zu jammern und die Schmerzen auszuhalten und nicht so viel Aufhebens darum zu machen. Ein richtiger Kerl wollte ich sein, aber, wenn ich in den Spiegel gesehen habe, sah ich in große, verhungerte Augen.

Am 2. Januar 2017 kamen die riesigen Klemmen raus und der Assistenzarzt wollte mich noch am selben Tag entlassen. Mir war es recht, aber die aus dem Heim haben die Hände über dem Kopf zusammengeschlagen. Assistenzärzte haben echt wenig Ahnung davon, wie es in einem Kinderheim so läuft. Dass da fünf Leute im Schichtdienst sind, dass man, wenn man alleine mit acht Kindern im Haus ist, nicht einfach so dreimal am Tag eine riesige (wirklich eklige!) Wunde versorgen kann … Pädagogen sind keine Pflegekräfte. Die in der Uniklinik haben nicht mal einen Pflegedienst organisiert.

RB zumindest hat behauptet, dass das unverantwortlich gewesen wäre, mich so früh zu entlassen und mir gesagt, dass er keine Lust hat, auch noch auf meine Beerdigung zu gehen. (Ich hatte ja schon erwähnt, dass er gerne etwas übertreibt.) Für ihn war klar, dass ich umgehend schlapp machen würde. Die anderen, besonders die kleineren Kinder, würden nichts weiter zu tun haben, als mir auf der frischen Wunde herumzuspringen. Ich würde die Treppe hinunterstürzen und verbluten. All sowas.

Ich ließ ihn reden. Für mich gab es jedenfalls kein Halten mehr. Das Krankenzimmer war hässlich und niemand lag bei mir. Ich habe mich fast zu Tode gelangweilt und laufen konnte ich auch schon wieder. Ganz langsam, eher so, wie ein alter Mann, aber immerhin. Ich war dünn geworden. Corinna würde mich holen kommen. Die aber kam erstmal zu Besuch und durfte mit mir spazieren gehen. Draußen! An der frischen Luft! Das war wirklich sensationell. Raus aus dem Mief, rein ins Leben! Die kalte frische Luft hat mich umgehauen, dass Corinna da war auch. Und ich konnte vom Laufen und unermüdlich auf sie einquatschen gar nicht genug bekommen. Ich hätte überschnappen können vor Glück. Eine Stunde sind wir gelaufen! Eine ganze Stunde! Es gibt Spaziergänge, die vergisst man nie mehr. Es war, als hätte sich das Leben in mich zurückgepumpt. Das erste Mal, dass ich wieder richtig glücklich war. Wenn man auf so vieles verzichtet hat, sind die einfachsten Dinge, über die man sich sonst gar keine Gedanken macht, wunderbare Geschenke. Corinna hat sich alles angehört, was ich zu sagen hatte und war, glaube ich, nur froh, dass ich schon fast wieder ganz der Alte war. Zumindest, was das Reden anging.

Auch RB kam noch mal zu Besuch – auch, um den formellen Kram zu regeln. Die im Krankenhaus wollten mich loswerden, wahrscheinlich weil zu viele Ärzte und Pflegekräfte in Urlaub waren, und er hat wenigstens über einen Tag länger in der Klinik verhandelt.

»Wir haben nicht mal ein geeignetes Bett für dich«, hat er angemerkt und organisiert, dass einer eines auf die Schnelle besorgte.

»Ich habe ein Bett, kein Problem habe ich gesagt«, hatte aber selbst leise Zweifel, denn mein Bett war eine

Schlafebene in zwei Metern Höhe, die man nur mit einer Leiter erreichen konnte …
Der Arzt wollte das mit dem Bett nicht so recht einsehen, aber RB hat wieder mal nicht mit sich verhandeln lassen, sondern ihn eingeladen, mal ein paar Tage zu Besuch zu kommen, damit er selbst den Unterschied zwischen Krankenhaus und Kinderheim kennenlernen kann. Wie dem auch war: Sie organisierten, dass ein Bett und alles, was ich sonst noch brauchte, gekauft wurde und dann ließen sie sich endlich breitschlagen, mich zu holen.

Was für ein Tag! Das heißt: Zuvor musste ich mich noch in einer anderen Klinik vorstellen. Die Ärzte dort sollten über weitere chirurgische Eingriffe entscheiden. Von dem einen Krankenhaus ins nächste. Das war unerfreulich, aber auch das eben mal wieder nicht zu ändern. Eine Ärztin hat dann ganz kurz auf meinen von Klammern befreiten Bauch geguckt. (Fünf Klammern hatten die aus der Uniklinik übrigens vergessen, was wir da staunend gemerkt haben). Wie kann man gleich fünf von diesen riesenhaften Dingern übersehen? Zählen hilft. Irgendwo war doch sicherlich aufgeschrieben, wie viele sie verwendet hatten und in der Größe musste man sich schon echt anstrengen, auch nur eine davon zu übersehen. Aber irgendwie wunderte mich gar nichts mehr. Aber gut, lassen wir das.

»Hast du keine Schmerzen? Die Klemmen müssen doch wehtun«, wollte die Ärztin wissen. Das hatte sich fast wie ein Vorwurf angehört und sie hat sich auch nicht durch besondere Freundlichkeit hervorgetan. Ich weiß nicht mehr, ob ich ihr überhaupt geantwortet habe, ich glaube nicht. Natürlich hatte ich Schmerzen, aber woher

sollte ich Klammerschmerzen von Haifischbissschmerzen unterscheiden?
Wahrscheinlich habe ich nichts gesagt, weil ich Angst hatte, sie könnten mich erneut dabehalten, aber die Ärztin machte eher den Eindruck mich schnell wieder loswerden zu wollen.
Ich war ihr lästig, was mir ganz recht war. »Keine weitere Operation im Moment«, hat sie entschieden. Das war gut. Ich hatte eh die Nase voll und hätte mich quergestellt, war also voll und ganz ihrer Meinung.

»Nein keine weitere Operation. Das ist gut.«

Danach ging es dann endlich ins Kinderheim. Großes Empfangskomitee. Alle freuten sich.

»Sie dich an. Du siehst echt grausam aus.«

RB, die alte Spaßbremse hätte mich wahrscheinlich am liebsten erstmal in Kur geschickt. »Wir werden dich mästen müssen!«

»Besser als ...«, sagte ich und fasste ihm an den Bauch. Es war so schön, wieder zu Hause zu sein. Gut, das stimmt ja nun nicht ganz, aber irgendwie passte es dennoch ganz gut. Ich fühlte mich dort, wo ich schließlich von allen bestaunt lag, tatsächlich zu Hause.
Abends standen die Erwachsenen an meinem Bett und sahen verschreckt auf meinen Bauch und behaupteten, die Narbe sähe aus wie ein See von oben und sei in jedem Fall eine echte Zumutung.

»Was machen wir jetzt mit dem Elend hier?«, hat RB gefragt und sich getraut, die Handschuhe überzuziehen und die Wunde zu versorgen. »Wenn er hopsgeht, haben wir es jedenfalls versucht ...« Einer der Betreuer, der mal alte Leute gepflegt hatte, sich also irgendwie auskannte, stimmte zu.

»Kriegen wir schon hin ...«

Die Wunde musste eingecremt und die Wundränder massiert werden, damit sie weich blieben. Ich glaube für jemand, der sonst nur Kinder erzieht, die sich schlimmstenfalls mal ein offenes Knie holen, weil sie hingefallen sind, war das schon eine echte Herausforderung.

»Wenn wir ihn killen, vergraben wir ihn heimlich hinter der Garage!«

Wie man sieht, herrschte eine ausgelassene Stimmung und sie machten Witze, weil sie aufgeregt waren.

Sie würden in Ohnmacht fallen. Spätestens, wenn sie an die Stelle kämen, für die meine Haut nicht mehr ganz gereicht hatte.

»Was ist das Weiße hier?«

»Das will man gar nicht genau wissen ... Jetzt nicht erschrecken, aber das ist seine Rippe. Die Haut ist so dünn, dass man sie sehen kann ...«

Sie waren sich einig, dass dies die ekligste Stelle war. Wieder eine von RB's Gruselgeschichten, habe ich erstmal gedacht, aber es war genauso. Als ich mich vor den Spiegel stellte, sah ich sie auch. Das hat nicht jeder. Eine Rippe, die man von außen durchscheinen sieht wie ein Goldfisch im Teich.

(Weil die Narbe wirklich grauenerregend aussah, habe ich für lange Zeit nur noch den Spiegel genommen, in dem man nur den Kopf sieht. So konnte ich tun, als sei alles beim Alten.)

Es geht so viel, wenn man muss. Was sollten sie tun?

Sie hätten mich auf eine Pflegestation verlegen können. Ich glaube aber nicht, dass jemand ernsthaft darüber nachgedacht hat.

»Wärest du mein eigener Sohn, würde ich dich auch

nicht in ein Pflegeheim bringen, also bleibst du hier. Aber es gibt eine Bedingung ...« RB sah mich eindringlich an. Ich kannte diesen Blick und er bedeutete erstmal wenig Gutes.

»Welche?«

»Du tust ausnahmslos nur, was wir dir zuvor erlaubt haben und du besprichst alle Dinge mit uns.«

Corinna hatte er zum Gespräch hinzugezogen. Fachliche Verstärkung sozusagen, damit ich später nicht behaupten konnte dieses oder jenes sei ganz anders besprochen worden. Keine Alleingänge also. RB gilt als Fachmann für »komische Fälle« und er kennt sich mit Krankheiten aus.

»Ist gut«, gab ich klein bei.

»Du unternimmst nichts, das wir nicht ausdrücklich gemeinsam besprochen haben. Ist das klar?« Ihre Blicke waren irgendwie ziemlich verschwörerisch, fast ein bisschen bedrohlich und so nickte ich. Was hätte ich auch tun sollen?

»Das ist Erpressung?«, flüsterte ich.

»Hast du was gesagt?«

Nein, hatte ich nicht. Ich war nur glücklich. Auch, weil ich spürte, sie würden alles tun, mich auf Vordermann zu bringen. Sie, das Team aus dem Kinderheim, die plötzlich, wie die Ärzte im Krankenhaus, nicht aber weiß gekleidet, um mich herumstanden, Visite spielten und gemeinsam beratschlagten.

Später haben sie mir gestanden, dass das keine einfache Sache war. Sie konnten mir aber schlecht sagen, »du musst dich leider selbst verarzten, wir können das nicht.« Einen Pflegedienst – den hätte man schon von der Klinik aus organisieren müssen. Keiner konnte sich erklären, warum das nicht passiert war und am 2. Januar wartet sowieso niemand darauf, einen zusätzlichen Auftrag zu erhalten.

Wie so oft gab es eine Portion Trotz. Sie besprachen sich und holten die Kinderärztin mit ins Boot und letztlich wuchsen alle über sich hinaus. Es gibt nichts Verbindenderes für ein Team, als eine schier nicht zu bewältigende Aufgabe gemeinsam zu meistern.

»Wofür haben wir die vielen Arztserien gesehen?«, hat jemand gewitzelt – (man kann sich sicherlich vorstellen wer.) Schließlich haben sie für über hundert Euro alle Restbestände an Verbandmull und Wundcreme aufgekauft. Die in der Apotheke haben sich bestimmt gewundert, als sie gleich noch eine Bestellung über die gleiche Menge aufgaben.

»Dann wollen wir also das hässliche Etwas mal retten!« Keine Ahnung, ob RB das wirklich gesagt hat, aber irgendwie würde es zu ihm passen.

Um es vorwegzunehmen: Sie haben es geschafft. Ich habe auch ihre Pflege überlebt. Keine Selbstverständlichkeit. (Nein, das war ein Witz. Sie haben das gut gemacht.)

Sie haben mich einmal in der Woche fotografiert, um festzuhalten, wie alles heilte.

Manchmal entdeckten sie einen Faden oder so was und haben dann auf dem voraus geschossenen Foto gesucht, ob der da auch schon da war. Auch das war gewöhnungsbedürftig, dass in regelmäßigen Abständen irgendetwas aus der Wunde wuchs. »Es ist bedenklich, wenn einem plötzlich Schweineborsten aus dem Bauch wachsen ...«, hat RB gewitzelt, aber man hat ihm angesehen, dass er selbst nicht so genau wusste, ob das alles so ok war. Er hat dann im Krankenhaus angerufen und ihnen ein Foto

geschickt. Die Ärzte waren nicht besorgt und so haben sie die Borsten gelassen, wo sie waren. Manche konnte man übrigens dann einfach rausziehen. Wenn nicht, haben sie das schon gemerkt, weil ich dann gejammert habe.
Ich war so froh, wieder bei ihnen zu sein, das kann ich gar niemand sagen.
Ich war davon überzeugt, dass alles wieder gut werden würde. Ich hatte keinen Moment Zweifel daran. Nur genau das war es, dass den Erwachsenen Sorgen bereitet hat. Sie wurden nicht müde, Mahnungen auszustoßen, weil tatsächlich alles Mögliche hätte passieren können und ich noch lange nicht über dem Berg war und selbst die Angelegenheit zu sehr auf die leichte Schulter nahm. Hätte ich das mit dem »Haifischbiss« in Afghanistan erlebt, wäre ich gestorben. So viel ist sicher.
Das hätte ich nie gedacht, dass ich in Deutschland, wo ich nicht mehr auf der Flucht war und so viel essen konnte, wie ich wollte und immer was zu trinken hatte, sowas erleben würde.

Als die Operation vier Monate hinter mir lag, war alles ganz gut verheilt, wobei das nicht bedeutet, dass es überstanden war. Ich musste nämlich ab da ein Kompressionshemd tragen. Das ist so eine Art Ritterrüstung in der ich, weil es inzwischen richtig warm geworden war, unheimlich geschwitzt habe.
Im Heim haben sie behauptet, ich hätte gestunken wie ein Iltis. Was ist ein Iltis? Nett jedenfalls war das nicht, aber wirklich böse gemeint auch nicht. Sie haben ein zweites Hemd besorgt, so dass stets eins in der Wäsche war, und ich eins sauber gewaschen anziehen konnte. So

ein Ding kostet ein paar Hundert Euro – das ist beeindruckend. Angezogen habe ich es nicht gerne, aber sie haben mir erklärt, dass sich sonst die Wundränder heben und wulstig würden. Das wollte ja auch keiner und ich schon gar nicht. Das Hemd hat mir außerdem Schutz gegeben. Ich hatte, sobald ich es angezogen hatte, das Gefühl, nicht ganz so »bloß zu liegen«.

Es ist bald wieder wie früher gewesen: Ich bin allen auf den Nerv gegangen, weil ich nicht still sitzen konnte. Ich hatte schon immer den Zwang, mich zu bewegen, aber nach der langen Auszeit musste ich die ganze Zeit nur noch an Sport denken. Richtig sauer ist keiner geworden, weil sie alle echt froh waren, dass ich sie wieder nerven konnte.

Ich muss wahrscheinlich noch ein paar Mal operiert werden, um die Narben zu verschönern. Zum Glück bin ich um eine große Sache rumgekommen, die sie erst mit mir vorhatten: Der Rückenmuskel, den sie rausschneiden wollten, um ihn vorne einzusetzen, bleibt, wo er ist.
Zumindest das. Ich krieg das ohne Muskeltransplantation hin. Konnte ich mir eh nicht so recht vorstellen, wie das funktionieren sollte. Wenn man was vom Rücken rausschneidet, hat man da doch auch noch ein Loch … Ich versuche, nicht so viel darüber nachzudenken. Was passiert ist, ist passiert. Das Leben geht weiter und man kann auch mit »Haifischbiss« eine Menge Spaß haben.

»Man kann nicht alles immer nur weglächeln!«, hat RB behauptet. Er kann echt anstrengend sein. Manchmal hat er sich aufgeregt, wenn ich ihm vormachen wollte, alles wäre super und mein Leben genauso wie früher. Ich habe allen Ernstes mal versucht, ihm weiszumachen, dass ich keinen Unterschied spüre. Das war natürlich Quatsch.

Ein anderes Mal habe ich behauptet, dass mein Sixpack nachwachsen wird. Wenn ich ehrlich bin, habe ich das tatsächlich geglaubt. Ich habe mich über RB aufgeregt. Warum konnte er mir nicht einfach recht geben? Aber nein, er musste immer wieder den Finger in die Wunde legen und auf den Fakten rumreiten.

»Es ist wirklich wie früher ...«

»Du hast eine bemerkenswerte Energie und einen unerschütterlichen Glauben daran, dass alles gut werden wird. Das ist wirklich gut und sehr hilfreich. Dich selbst zu belügen, macht da aber wenig Sinn. Mach lieber die Augen auf. Du wirst keine neuen Muskeln haben, aber die, die dir geblieben sind, werden für alles, was du im Leben vorhast, ausreichen. Also trainier sie.«

Mein Gott, der war wirklich stressig! Er lässt sich selten hinters Licht führen und ich kann wenig vor ihm verbergen. Einmal, als er mir in meine Traumgeschichten nicht länger folgen wollte, hat er mir das Foto mit den 30 Klemmen und dem verkrusteten Blut gezeigt, das er in seiner Akte über mich hatte.

»Sieh genau hin. Die Muskeln sind weg!«

Was blieb mir also übrig, als mich mit meiner Situation auseinanderzusetzen? Ich kann heute sagen, dass er recht hatte. Weglaufen half nicht und er hat mir wirklich viel erklärt. Das hat geholfen.

Pakistan

Nachdem wir die Berge bezwungen hatten, erreichten wir Pakistan. Dort traf ich Parwana wieder. Zwischen all den fremden Leuten war es schon gut, wenigstens ein mir bekanntes Gesicht zu entdecken. Aber dennoch: Ich war noch immer keiner von ihnen und so bin ich für mich alleine gelaufen. Ich habe auch meinen Stolz.
Im ganzen Leben war ich noch nie so unglaublich müde. Man kann müde sein, das glaubt man gar nicht! Vom vielen Laufen war ich so erschöpft, dass ich schlief wie ein Stein, aber ich träumte von dem »Eselsmann«, der mich verfolgte. Dabei war es nicht der erste Tote, den ich gesehen habe, aber vielleicht der unheimlichste.

Einmal ist in Baghlan eine Bombe ganz in der Nähe unseres Hauses hochgegangen. Auf der Straße haben wir Augen gefunden. Das muss man sich mal vorstellen: Augen! Man läuft so über die Wege und findet Augen. Das ist etwas, dass sie einem hier erstmal gar nicht glauben. Finger und Hände auch. So was hatte ich noch nie gesehen. Alles Mögliche lag da rum. Auch daran denke ich manchmal – immer noch. Bomben zerfetzen die Menschen. Da kann es vorkommen, dass man gar nicht mehr weiß, was zu wem gehört.
Auf der Straße in Baghlan war mal ein Tanklastzug liegengeblieben, keine Ahnung warum und weil die Leute ans Benzin wollten und sich dabei irgendwie unsachgemäß angestellt haben, ist das ganze Ding in die Luft geflogen. Mein Großvater und ich haben im Garten gestanden und die riesige schwarze Rauchwolke aufsteigen sehen, und ich bin, auch wenn das wieder mal viel zu gefährlich gewesen ist, hingelaufen, um in Erfahrung zu bringen, was passiert ist. Ich kann nicht sagen, wie viele

Tote es gab, nur dass sie überall herumlagen – völlig entstellt, manche verkohlt.
Menschen, die verbrannt sind, schrumpfen. Sie sehen viel kleiner aus. Ich erinnere mich, dass ein Mann wie eine lebendige Fackel umherlief und ein paar der Männer unglaubliche Brandverletzungen hatten. Die Haut hing ihnen in großen Fetzen am Körper runter. So was kann nicht wieder heilen – nicht ohne Ärzte. Und der Tankzug brannte und brannte. Wie die Menschen, die fürchterlich geschrien haben, bis sie irgendwo zusammenbrachen und es endlich geschafft hatten. Es ist furchtbar zusehen zu müssen, ohne etwas tun zu können. Je mehr man sich an solche Dinge gewöhnen muss, desto tiefer vergräbt man sie. Das habe ich aber erst gemerkt, als wir begonnen haben an meiner Geschichte zu arbeiten und alles aufzuschreiben. Je mehr ich erzählt habe, desto mehr habe ich mich an Details erinnert. RB hat mich manchmal nach Gefühlen zu besonders schwierigen Situationen gefragt und dann hätte es auch mir auffallen können: So viele Gefühle waren da gar nicht zu spüren. Ich beschrieb, wie Leute verbrannten, sich schreiend in den Flammen wälzten. Ich sah die weinenden Mütter vor mir, die ihre erschossenen Söhne, die irgendwo bei uns auf der Straße lagen, abholten. So viele traurige Dinge, nur ich kann bis heute meine Trauer darüber kaum zulassen. Früher habe ich viele Dinge mit mir ganz im Verborgenen ausgemacht. Mit RB habe ich gelernt, darüber zu sprechen. Leicht ist das aber nicht.

Aber ich denke, es ist besser, wenn ich erst mal weiter erzähle: Wir waren also in Pakistan. Die erste Station, nicht mehr. Wichtig, wenn man sich in Pakistan aufhält: Man sollte sich nicht zu erkennen geben. Es ist wie fast

überall auf der Welt: Flüchtlinge stehen nicht besonders hoch im Kurs. Am besten, man macht sich unsichtbar.
Irgendwie haben wir es geschafft, uns erstmal im Verborgenen zu halten. Die Stadt, in der wir gelandet waren, war fest in den Händen der Taliban. Selbst auf den Wänden standen Lobeshymnen über die Taliban. Es gab so gut wie keine Frauen. Sie hatten auf der Straße nichts zu suchen, und niemand stellte das in Frage. Das muss man sich mal vorstellen ...
Über Tag hielten wir uns in verlassenen Häusern auf, nachts versuchten wir, was Essbares zu ergattern und Wasser! Jeder bekam eine kleine Flasche – mehr nicht. Ich machte es, wie die anderen, trank stets nur einen einzigen Schluck, den Rest versteckte ich.
Wasser durfte man niemals teilen. Gab man vom eigenen etwas ab, würde es für einen selbst nicht mehr reichen. Mit Durst einschlafen zu müssen ist keine schöne Sache. Durst zu haben, ist das Schlimmste. Das wusste ich ja bereits. Man könnte glatt durchdrehen, wenn man nichts zu trinken bekommt. Ohne Essen geht es eine Weile, ohne Wasser kaum und ohne Luft, ist es noch schlimmer.

Meine Flucht zog sich hin. Immer wieder saß ich auf einem Pritschenwagen, oder in einem Bus unter eine Sitzbank gequetscht oder hinter einem der Radkästen. Manchmal heulte ich, weil mir alles wehgetan hat oder mir die Füße eingeschlafen waren, aber das hat niemand gekümmert. Ob man nicht mehr konnte oder nicht, spielte keine Rolle. Das Heulen führte zu nichts, also ließ ich es einfach.
Es passierte, dass irgendwer »Polizei« rief. Dann mussten wir raus, so schnell es ging, und nur noch weg, uns irgendwo verstecken, bis es vorbei war, damit sie uns nicht

verschleppen konnten. Mit eingeschlafenen Füßen rennen. Das ging nicht. Ich bin wieder und wieder hingefallen, aufgestanden, weitergelaufen.
Nachdem ich ein paar Stürze gedreht hatte, ging es dann irgendwann mehr schlecht als recht.
Immer wieder diese Angst aufzufliegen, die Gedanken daran, alles könnte umsonst gewesen sein.
Ich erinnere mich, dass ich mich einmal in einem Stall verkrochen und mich auf meinen Koffer gehockt habe. Mit schmerzenden Knochen und Füßen, die sich ganz taub anfühlten. Dort bin ich eingeschlafen, ohne es zu merken, und bin nicht mal aufgewacht, als ich runtergefallen und im Dreck gelandet bin. Man konnte so müde sein, dass man gar nichts mehr merkte und die anderen, trotz der ernsten Situation, was zu lachen hatten.

An irgendeiner Station bezahlte man, damit uns ein Schlepper mitnahm, schlief irgendwo ein paar Stunden, fuhr weiter, bezahlte nochmal was, stieg um, fuhr noch ein Stück und schlief wieder. Man bezahlte immer für eine bestimmte Strecke, kam was dazwischen und man landete nicht da, wo man eigentlich hin wollte, war das Geld futsch und man fing von vorne an.
Manchmal war ich von oben bis unten dreckig, aber das interessierte niemanden. Alle sahen so aus. Wir haben uns oft sogar bewusst Lehm ins Gesicht geschmiert, um älter und hässlicher auszusehen, damit keiner auf komische Ideen kam. Es gab Orte, denen eilte ein wirklich schlechter Ruf voraus und man wusste, was einen als Junge erwartete, wenn man zu hübsch war und sich nicht vorsah. Da war es gut, Lehm im Gesicht zu haben und zerlumpt zu sein. Auch die Haare mussten ab. Nur nicht wie ein Mädchen aussehen!

Wenn es mit dem Auto nicht mehr voranging, weil es keine Straßen mehr gab, ging es zu Fuß weiter, was noch anstrengender war. Irgendwann spürt man sich kaum noch. Im Hellen sah man uns, also konnten wir uns tagsüber nicht auf den Weg machen. Nur nachts. Nachts laufen, wenn man eigentlich schlafen will, ist auch so eine Sache und sehen tut man auch weniger. Aber das gilt natürlich eben auch für diejenigen, die einen jagen. Nachts sind mir die Wege noch länger vorgekommen.

Hunderte von Menschen, die, sobald es dunkel war, wieder mal über Berge liefen. Wie schwarze Perlen, die jemand auf eine Schnur gefädelt hatte – alle hintereinander, weil der Weg wieder mal so eng war, dass wir nicht nebeneinander laufen konnten.

Wenn einer zu langsam wurde, kamen die anderen nicht mehr richtig weiter. Man musste immer sehen, dass man den Anschluss nicht verlor, sonst gefährdete man die ganze Aktion. Viele hatten Angst, auch, weil man so wenig sah und es nicht ganz einfach gewesen ist, die Füße sicher voreinander zu setzten. Man kann sich ja ganz gut vorstellen, was passiert wäre, man sich den Fuß verknackst und nicht mehr auftreten hätte können ...

Von Parwana trug ich gleich drei Taschen. Ahmed der Gepäckesel, aber irgendwie hab ich auch das geschafft. Selbst das Tempo habe ich gehalten. Man denkt nicht viel nach, ob irgendetwas geht, oder nicht. Man tut es einfach. Alleine wäre Parwana aufgeschmissen gewesen. Gut, dass ich gewöhnt war, viel zu laufen, und klettern konnte. Viele hatten Panik. Ich auch, aber nicht so sehr wie vor den Schüssen. Das muss ich sagen: Wenn jemand auf einen schießt, das ist schon was, das einen wirklich in Panik versetzt. Warum erschießen sich Menschen gegenseitig? Das ist dumm! Da wollen sie den Islam verbreiten und erschießen massenweise die Gläubigen. Das habe ich noch nie verstanden. Wenn zudem das restliche Volk abhaut, sitzen sie am Ende doch alleine da ...

Irgendwann landeten wir in einem Ort, versteckten uns in verlassenen Häusern und warteten, dass jemand kommen und unser Codewort sagen würde. Jede Gruppe hatte ihr eigenes Losungswort. (Wie in einem Agentenfilm – nur nicht ganz so spannend.) Erst, wenn man das hörte, konnte es weitergehen. Manchmal zu viert auf einem Motorrad. Das, auf dem ich mitgenommen wurde, verlor ständig die Luft und wer musste es wie ein Wilder alle paar Minuten aufpumpen? Ich! Wer sonst? Es dauerte nicht lange und man hörte das Zischen, und ich war wieder dran. Immer der Schwächste! Die wirklich blöden Arbeiten blieben für mich übrig. Egal, Hauptsache es ging irgendwie weiter. Jeder Meter zählte. Aber ein Motorrad, das ununterbrochen Luft verliert, ist echt eine nervige Angelegenheit. Ich habe mich halbtod gepumpt, aber so ist das unter solchen Umständen: Was kaputt geht, kann man nicht einfach mal schnell reparieren oder in eine Werkstatt bringen. Man muss lernen, sich zu behelfen und achtsam mit seinen Dingen umgehen.

Wenn ich damals eins gelernt habe, dann, mit allem zufrieden zu sein. Nur keine Ansprüche stellen – nicht maulen. Heute maule ich natürlich wieder und RB nennt mich einen verwöhnten Prinzen – nur, weil ich ein bisschen darauf achte, mit der Mode zu gehen und einen guten Eindruck bei den Mädchen hinterlassen will, aber damals war ich schon froh, wenn sie mich nicht misshandelten.

Sie schlugen uns mit dicken Schläuchen. Wenn wir ihnen zu langsam waren, irgendetwas wollten, eine Frage stellten oder einfach nur so. Man hatte schnell spitz, woher wir kamen und danach sind wir Freiwild gewesen. Nicht, dass wir irgendetwas falsch gemacht hätten, es gab keinen Grund, dass sie fortwährend auf uns eindroschen, aber es schien den Pakistani Spaß zu machen, uns zu schlagen. Das Einzige, was einem blieb, war auszuweichen. So gut es irgendwie ging. Jeder Schlag, den man aushielt, bedeutete, dass der Zeitpunkt an dem sie von einem ablassen würden, näherkam. Irgendwann war Schluss – zumindest solange, bis jemand anders einen neuen Anlass fand und wieder anfing. Wenn ich getroffen wurde, tat ich immer ein bisschen übertrieben, damit sie nicht noch fester zuschlugen. Man fühlt sich, wie ein Hund, wenn man ständig geprügelt wird. Man konnte nicht mal sicher sein, dass sie einen nicht totschlugen. Je nach dem, an wen man geriet, hätte auch das passieren können – keine Frage und auch das hätte niemand wirklich gestört. Man wurde geschlagen und keiner schritt ein – wer hätte auf die Idee kommen können, sich für uns einzusetzen? Es galt als unumstößliches Recht uns zu schlagen und sich zu wehren wäre nur dazu gut gewesen, dass sie uns erst recht fertig gemacht hätten.

Endlich brachte man uns zum Grenzübergang. Die nächste Station würde der Iran sein.

Wir landeten aber erst mal in einem Lager. Da wussten wir noch nicht, dass hier erst einmal Endstation war. Tage und Wochen vergingen. Wir kamen nicht weiter. Das war kein gutes Gefühl. Jeder Tag, an dem es nicht voranging, war ein verlorener Tag und kostete Geld. Schrecklich!

Dann passierte was. Hektik kam auf. Die Leute packten in Windeseile ihre Sachen zusammen und die Pakistani verfrachteten uns in einen Bus. Endlich! Ich war aufgeregt. Es ging weiter! Aber, es war nicht, wie wir uns erhofft hatten: Die Fenster wurden verhangen, so dass wir nicht raussehen konnten und das hieß, wie ich bald erfuhr, nichts Gutes. Wir sollten also nicht sehen, wohin sie uns brachten und das konnte nur eins bedeuteten: Sie fuhren uns zurück nach Afghanistan. Es ging also überhaupt nicht vorwärts! Wir waren in eine Falle getappt. Da möchte man seine ganze Verzweiflung rausschreien. Alles umsonst! Die wochenlangen Strapazen liefen komplett ins Leere. Wir saßen in einem verdunkelten Bus und ich fühlte mich entsetzlich leer. Kaum jemand sprach. Ich hatte Schwierigkeiten, mir klarzumachen, was das jetzt bedeutete. Sie wollten also nicht, dass wir uns an den Weg erinnerten und, sobald sie verschwunden sein würden, erneut zu ihnen aufbrachen. Deshalb hatten sie die Fenster dicht gemacht. Wer nichts sah, konnte sich auch nicht orientieren. Sie wollten uns nur loswerden und das auf Nimmerwiedersehen. Und jetzt? Das sind traurige Momente. Man möchte etwas zerschlagen, weiß aber, dass es nicht helfen würde.

Sich unerwünscht fühlen, hat mir immer das Gefühl gegeben klein und unbedeutend zu sein.

Wir landeten also wieder in Afghanistan. Nicht zu Hause, dann hätte ich wenigstens meine Mutter und die Familie begrüßen können, sondern in Kandahar. Ich wusste erst gar nicht, wo wir waren. Kandahar ist die drittgrößte Stadt in unserem Land. 370.000 Einwohner. Das habe ich aber erst viel später gelesen und für den Moment spielte das auch keine große Rolle.

Kandahar kennt man hier, weil sie im Radio über den Krieg berichtet haben. Der Krieg um Kandahar.

Egal, wie oft sie uns zurückschicken würden, wir würden nicht in Afghanistan bleiben können. Und deshalb begann das ganze Spiel – ich nenne das an dieser Stelle mal so, obgleich es wirklich ziemlich ernst war – von Neuem. Glücklich war darüber keiner. Das Geld, das wir bis dahin bezahlt hatten, war futsch. Die Anstrengung saß einem in den Knochen, aber sich die Frage zu stellen, ob man das alles nochmal schaffen würde, half nichts. Gar nichts! Es gab keinen Weg zurück. Die Berge waren zwischenzeitlich auch nicht kleiner geworden. Immerhin wusste ich jetzt genau, was auf mich zukommen würde. Ob das von Vorteil gewesen ist, kann ich nicht sagen.

Wahrscheinlich habe ich darüber auch nicht viel nachgedacht. Wer den Weg einmal geschafft hat, konnte auch das zweite Mal durchkommen. Entweder, ich würde sterben oder mich noch mal durchschlagen.

Nicht allen ging das so. Manche gaben einfach auf, blieben, wo sie waren, und man konnte sich vorstellen, wie ihr Leben verlaufen würde.

Manche Dinge kann ich hier nicht ganz so genau beschreiben, weil man die besser nicht an die große Glocke hängen sollte, oder ich einfach nicht darüber reden kann, aber, wie dem auch sei: Irgendwann ging es erneut los. Das gleiche beschwerliche Auf und Ab. Einen Schritt vor den anderen setzen, den Durst bezwingen, die Angst klein halten und auf Allah vertrauen. Man schafft so viel, wenn es nicht anders geht. Diesmal wusste ich, wie lange es dauern würde und dass nach dem Berg, den wir gerade bezwungen hatten, ein neuer auf uns wartete. Das machte es klarer, wenn auch vielleicht nicht wirklich einfacher.

Und irgendwann hatten wir tatsächlich den ganzen Schleif erneut hinter uns gebracht.
Oh Gott, bei dem Gedanken, was noch alles vor uns lag, wäre mir sicherlich schlecht geworden, aber zum Glück wusste ich damals gar nicht so genau, durch wie viele Länder wir noch ziehen würden. Erstmal waren wir froh, dass wir Afghanistan erneut verlassen hatten.
Einen Tag und zwei Nächte fuhren wir durch den Iran, bis wir in Teheran landeten. Das war erst mal unser Ziel. Beim Einkaufen sollten wir möglichst nichts sagen und wenn, mit persischem Akzent sprechen. Das war besser, damit wir nicht zu sehr auffielen. Iran ist ein fortschrittliches Land und wir haben uns moderne Kleidung gekauft. Da fühlt man sich gleich anders. (Kleider machen Leute, heißt es hier.)
Die Kunst war wieder einmal, sich möglichst unauffällig in kleinen Gruppen zu bewegen. So, als wäre es das Natürlichste der Welt, dass wir hier und da in die Schaufenster sahen, in die Geschäfte gingen und uns neu einkleideten.
Vor der Polizei mussten wir auf der Hut sein und die Angst, von ihr entdeckt zu werden, saß uns ständig im Genick. Sobald Beamte auftauchten, waren wir ganz leise, haben kaum noch geatmet. Ich habe gebetet. Immer wieder gebetet und Allah hat mich geführt. Ich glaube, er war bei mir und hat auf mich aufgepasst.

An eine Situation erinnere ich mich noch ganz genau: Da hat er mich ganz dünn gemacht. So dünn, dass ich einmal hinter einem Baum stand – ohne, dass der Mann, der uns erschießen sollte, mich sehen konnte. Er hätte mich entdecken müssen, weil der Baumstamm so dünn

war, dass er als Schutz nicht taugte. Und dennoch hat der Mann mich übersehen. In diesem Moment hat Allah mich noch dünner werden lassen oder sogar unsichtbar! Denn der Mann, mit Gewehr im Anschlag, hat direkt in meine Richtung gesehen. Nicht, dass er weit entfernt gewesen wäre. Nein, er war nur ein paar Meter weg von mir. Ich stand, wie erstarrt, kalt vor Angst und ging davon aus, dass er jeden Moment durchladen und mich mit einem Grinsen auf dem Gesicht erschießen würde.
Man könnte denken, er hat vielleicht keinen Gebrauch von seiner Waffe gemacht, weil er erkannt hat, dass ich noch ein echter Knirps war, aber so was gibt es nur im Film. Dort, wo ich damals gewesen bin, hat man den Befehl zu schießen sehr ernst genommen. Eindringlinge waren Eindringlinge, ganz egal, ob es nun Kinder, Frauen oder Männer waren. Wer aufgespürt wurde, war so gut wie tot. Für jeden, den sie erschossen haben, bekamen sie eine Prämie. Unter solchen Bedingungen stirbt die Moral und niemand hat mehr irgendwelche Skrupel. Ein Zwölfjähriger, für dessen Kopf man Geld bekommt, hat keine Chance. Geld ist diesen Leuten wichtiger als ein Leben. Jedenfalls hat der Mann mich nicht entdeckt. (Sonst wäre ich auch nicht hier und könnte nicht meine Geschichte erzählen.) Als er vorbei ging, traute ich mich erst mal gar nicht, mich zu bewegen. Es hat eine Zeit gedauert, bis mir klar geworden ist, was da eben passiert war und wie nahe der Tod und das Leben beieinanderliegen können.

Wir kamen ein wenig zur Ruhe und ich hatte Zeit, nachzudenken. Ich hatte keinen Vergleich, wie andere Kinder ihre Kindheit verbrachten, aber im Iran erkannte

ich, wie anders die Menschen hier lebten. Moderner. Nur das Jagen war geblieben. Wir gehörten hier nicht hin und fühlten uns bedroht. Das war für mich nichts Neues. Über das, an das man gewöhnt ist, denkt man üblicherweise nicht besonders oft nach. Warum sollte man auch in Frage stellen, was man für die einzige Alternative hält?
Eine Vorstellung von Krieg hatte ich bereits mit neun Jahren. Noch heute denke ich immer wieder daran, dass wir ständig Schüsse und Schreie gehört haben. Ein Schuss in Verbindung mit einem Schrei und ich wusste: In diesem Moment ist jemand ganz in meiner Nähe gestorben. Ein Mensch, dessen Flucht in einem Wald endete, oder der im falschen Moment auf einer Straße lief, auf die er lieber hätte nicht laufen sollen. Das Bewusstsein, ebenfalls sterben zu können, hatte ich schon lange. Ich bin damit aufgewachsen, aber ich war dünn und unsichtbar, und ich hatte Allah im Rücken. Es gab so viele Situationen, die hätten schief gehen können. Immer, wenn ich gerade noch mal entwischt war, rannte ich weiter. Dahin, wo die anderen waren.
So tat ich es auch in Teheran.
Der nächste Schritt sollte die Türkei sein, aber bis wir da waren, dauerte es noch ein wenig. Erst mal ging es von einem Auto ins nächste – ein paar Stunden fahren, irgendwo ankommen und zusehen, dass man eine Scheibe Brot bekam, an der man herumkauen konnte und mit ein bisschen Glück etwas Joghurt und eine Flasche Wasser. In den Momenten, in denen wir irgendwo in Sicherheit saßen und verschnaufen konnten, sammelten wir Kraft für die folgende Etappe. Ich habe nie viel weiter gedacht, als daran, was als Nächstes zu tun war. Im Iran waren wir etwa zwei Monate und zogen von Ort zu Ort.

Heute kann ich nicht mehr genau sagen, wo wir überall gewesen sind. Wir gingen immer dahin, wohin man uns schickte. Ich erinnere mich an Berge und viele zerstörte Häuser. Das mussten mal schöne Orte gewesen sein, aber jetzt lag alles in Trümmern. Wie viele Gebäude der Krieg kaputt gemacht hatte. Das war wirklich traurig. Heute denke ich daran, dass der Krieg nicht zu Ende ist, nur weil ich in Deutschland bin und keine Bomben mehr explodieren höre. Sie fallen weiter – an so vielen Orten in der Welt und jede Minute stirbt jemand ...
An jeder Straßenecke gab es Typen, die uns schlugen und ich überlegte, wie ich es anstellen konnte, möglichst wenig Prügel einstecken zu müssen. Die Angst, ernsthaft verletzt zu werden, war immer da. Das hätte das Ende der Flucht bedeuten können. Verletzt kam man nicht weiter. Was dann geworden wäre, kann ich nicht in Worte fassen. Nichts Gutes jedenfalls.
Es reichte, dass etwas Unvorhergesehenes passierte und die Schlepper tauchten plötzlich unter – waren wie vom Erdboden verschwunden.
Da hatten wir die Befürchtung, dass es wieder nicht weiter ging, man uns einfach vergessen würde. Solange noch von irgendwoher Geld floß, würden sie immerhin nach uns suchen. Auf Geld wollte niemand verzichten. Was aber, wenn es nichts mehr zu holen gäbe?
Die Türkei lag noch vor uns. Danach würden wir versuchen nach Griechenland zu kommen. Von da aus nach Nordmazedonien und Serbien, weiter über Ungarn nach Österreich. Von dort aus ist es nicht mehr weit bis Deutschland! Egal, wie lange wir brauchen würden. Jede Flucht musste mal zu Ende sein und manchmal war das ein Trost.

»So ganz normal bist du auch nicht ...«

Ich glaube, das ist der Lieblingssatz von RB, wenn ich ihn wieder einmal dazu gebracht habe, den Kopf über mich zu schütteln.

»Pubertierende sind mit größter Vorsicht zu genießen«, behauptet er. »Leicht reizbar, rechthaberisch und alles in allem lästige Gesellen.«

Den Erwachsenen kann ich gewaltig auf die Nerven gehen – hatte ich ja schon gesagt. Wie alle Jungen in meinem Alter schlage ich gerne mal über die Stränge, weiß nicht, wann Schluss ist. Je mehr ich andere aufrege, desto mehr freue ich mich. Das hört sich komisch an, glaube ich, aber man versteht wahrscheinlich ziemlich genau, wovon ich rede.

Ich will cool aussehen und die im Heim behaupten, dass ich einen eigenwilligen Kleidungsstil habe, was ich so nicht bestätigen kann. Nur einmal, ich denke nicht gerne daran zurück, kam ich auf eine wirklich bescheuerte Idee: Egal, was mich getrieben hat, ich wollte unbedingt meine Haare blond färben lassen. Blond!

»Dafür geben wir ganz gewiss kein Geld aus!«

Corinna war wieder mal unbeugsam, sparte für meine Begriffe am komplett falschen Ende und behinderte meine modische und persönliche Entwicklung. Afghanen aber haben schwarze Haare.

»Da kann man sich gut vorstellen, wie das aussieht, wenn man versucht, die blond zu machen«, haben sie mich alle gewarnt. Nur ich wusste: Ich würde mit blonden Haaren umwerfend aussehen!

Die Mädchen gingen schließlich auch zum Friseur. Das war so ungerecht. Was war gegen blonde Haare einzuwenden?

»Eine ganze Menge.«, hat Corinna behauptet.

Oha! Wenn mir etwas verboten wird, suche ich nach Wegen, die mir nicht ganz so viel Ärger einbringen, mich aber doch ans Ziel führen. Sie behaupten dann, ich sei impertinent. Was das ist, weiß ich gar nicht so genau, aber ich bin am Ball geblieben und nicht müde geworden, auf sie einzureden. Und dann fiel mir Ivanna ein, die für uns kocht. Sie kommt aus der Ukraine und die Frauen dort sind auch nicht blond, haben aber eine Vorliebe dafür, so zu tun als ob. Was also lag näher, sie zu bezirzen? Letztlich hat es zwar einen Moment länger gedauert, aber schließlich habe ich sie rumgekriegt, ihr Haarfärbemittel mitzubringen und Hand an mich zu legen. Corinna stand nur da und schüttelte den Kopf. Wahrscheinlich, weil sie sich nur zu gut vorstellen konnte, wie ich nach der Behandlung aussehen würde.

Nun muss ich an dieser Stelle auch noch erzählen, dass ich oben auf dem Kopf Locken habe. RB behauptet, meine Frisur sähe aus wie ein Osternest. Man muss ihm das nachsehen. Von Mode versteht er wenig, glaube ich. Er trägt eigentlich immer ein weißes Oberhemd und Jeans. (Ein weißes Hemd, das oft genug Bartstoppeln am Kragen gehabt hat! Bis ich ihm beigebracht habe, sich erst nach dem Rasieren das Hemd anzuziehen.) Nun gut, lassen wir das. Als sie ihm von meinen Plänen erzählt haben, hat er gesagt, meine geistige Verwirrung läge an den Unmengen von Narkosemitteln, die sie mir gegeben hatten.

Wenn ich ehrlich bin, hatte ich auch nichts anderes von ihm erwartet. In seinem Alter ist man eben nicht mehr ganz so beweglich, behauptete ich. Ich hatte den mahnenden Satz von RB im Ohr: »Du musst eines bedenken: Schwarze Haare werden gelb, wenn man sie blond färben will. Gelb wie Honig und das mein lieber sieht, sagen wir es mal vorsichtig, beschissen aus!«

Er sprach aus eigener Erfahrung und gab zu, in seiner Jugend mal eine ähnliche Entgleisung gehabt zu haben ... Nur das war Jahrhunderte her.

»Die Färbemittel sind heute besser«, behauptete ich.

Kurzum: Ein Mann muss tun, was ein Mann tun muss, und so saß ich endlich auf dem Stuhl und war mit dem ganzen Klitsch auf dem Kopf sehr glücklich. Ich würde traumhaft aussehen und die Mädchen würden ziemlich begeistert sein. Sie mögen Typen, die rüberkommen, wie amerikanische Filmstars. Soweit die Idee hinter dem Vorhaben. Aber dann kam das böse Erwachen, gefolgt von blankem Entsetzen. Alle freuten sich über das Ergebnis: Ich sah grauenvoll aus.

Ein Blick in den Spiegel aber bestätigte: Das Nest, das ich auf dem Kopf trug, war gelb, nicht blond. Hässlichgelb. Um ehrlich zu sein: Die Haare waren nicht mal wirklich gelb, sondern sahen aus, als hätte ich mir eine Senfpackung gemacht.

So konnte ich unmöglich rumlaufen. Man gibt es in einem solchen Moment nicht gerne zu, aber sie hatten recht. Ich sah aus wie eine Kirmesfigur mit Locken in Abscheulichsenfgelb. Alle haben sich halbtot gelacht, und dann kam auch noch RB zu Besuch ins Haus. Schon im Treppenhaus wurde er vorgewarnt: Sein Schützling habe wieder einmal eine modische Entgleisung hingelegt und sei aufgrund dessen sehr leicht reizbar und weinerlicher Stimmung. Ich floh unter den Küchentisch. (Ehrlich. Wie ein kleiner Junge!) Auf keinen Fall durfte er mich so sehen. Ich muss nicht erwähnen, dass er die Situation sehr genossen hat.

Er hat Beweisfotos geschossen. Gegen meinen Willen!

»Das sind historische Momente und für deine Entwicklungsgeschichte ganz ausschlaggebende Eckpfeiler! Dokumente geistiger Reife. Wir werden sie später auf deine Hochzeitseinladungen kleben!« Er kam aus dem Lachen gar nicht mehr raus, aber dann hat er doch Mitleid bekommen. »Mein Gott siehst du beschissen aus!«, stellte er nachdenklich besorgt fest, und ich nickte ergeben. Er hat mich noch ein bisschen hingehalten, sich dann aber ein Herz gefasst und ist meinem Flehen nachgekommen und hat mich zum Friseur gefahren. Das Zurückfärben hat länger gedauert, als ich es für möglich gehalten habe, aber irgendwann war ich wieder mit der Haarfarbe gesegnet, die Allah für mich vorgesehen hat und war sehr glücklich.

Die Bilder hat RB behalten und droht bis heute damit, sie in Frankfurt auf die Plakatwände zu kleben, wenn ich mich nicht benehme. Eins davon hat er gegen meinen Willen in seinen Büroflur gehängt. »Immer, wenn ich schlechte Laune habe, stelle ich mich davor und freue mich«, sagt er und lacht. Tja, so ist er.

Ich war sehr erleichtert, als der Schlamassel behoben war. Die Haare waren eine ganze Zeitlang ziemlich stumpf, weil die Friseurin so viele Färbedurchgänge machen musste, aber so was nimmt man gerne in Kauf. Ein paar Tage bin ich ein bisschen gedeckelt herumgeschlichen, dann aber bald wieder zu alter Form aufgelaufen.

Das Nest trage ich noch immer, aber vom Haarefärben bin ich gänzlich abgekommen.

Als ältester Junge bei uns im Kinderheim, habe ich eine gewisse Führungsrolle. (Ich drangsaliere angeblich des

Öfteren die Kleinen, dabei wollen die das und provozieren mich so lange, bis ich ihnen nachjage). Natürlich tue ich ihnen nicht ernsthaft was. Alles nur Spiel. Auch das ist normal und trotzdem muss man auch für die Kleineren eintreten und sie immer mal wieder vor mir in Sicherheit bringen. Zumindest behaupten das die Erwachsenen. Ich finde, sie übertreiben.

In meinen Beratungsstunden haben wir viel über Respekt geredet, und ich habe mich erstmal blöd gestellt. Auch das kann ich. RB aber ist keiner, der sich gerne verschaukeln lässt. Als wir in einer Hilfeplankonferenz mit dem Jugendamt gesessen haben, bekam ich meine Quittung.

Hilfeplankonferenzen sind langatmige Gespräche, die nur Heimkinder kennen. Alle sitzen zusammen und reden über einen. Wie man sich entwickelt, was man angestellt und was man erreicht hat. Ziele werden festgelegt. Das ist vielleicht einer der größten Unterschiede die es zu anderen Kindern, solchen, die in Familien leben, gibt. Da schreibt man keine Ziele auf. Oder doch? Ich zumindest kenne niemand, dessen Entwicklung fein säuberlich besprochen und dann auch noch in Tabellen festgehalten wird! Das ist peinlich. Auch so was gibt es in Afghanistan nicht.

Es gab viel Lob, aber sie haben dann tatsächlich meine andere Seite thematisiert. Mein »zeitweilig zu wenig ausgeprägtes Sozialverhalten!« So haben sie das genannt! Oha! Da war es dann raus! Das war unangenehm. Und ich schwöre: In diesem Moment bin ich komplett eingeschnappt. Und, was dem Ganzen dann auch noch die Krone aufgesetzt hat: RB hat den Ausführungen nichts entgegengesetzt, sondern gemeinsame Sache mit ihnen gemacht. Ich habe mir vorgenommen, niemals wieder mit ihm zu reden. Und damit habe ich dann auch gleich angefangen. Vor der Tür habe ich ihm die Hand gegeben und »Auf Wiedersehen« gesagt, als hätte ich ihn noch nie gesehen. Kalt wie Stein! Stechender Blick, der Beginn einer Eiszeit! Ihr versteht? Sollte er spüren, was ich von Verrätern halte.

Nun muss man an dieser Stelle leider erwähnen, dass ich nicht ganz so erfolgreich mit meinem Getue war, wie ich wollte. RB hat nur gegrinst und mich »eitler Prinz« genannt. Für mich aber stand mein Entschluss fest: So leicht würde ich nicht einlenken! Mit Kritik konnte ich überhaupt nicht umgehen. Man lernt viel durch seine eigenen Fehler, hat er mir erklärt, dabei aber übersehen, dass ich gar keine Fehler machte ...

Auch wenn ferienbedingt erstmal Pause mit meinen Beratungsstunden war, die nächste kam bestimmt und da würde er schon sehen, was er davon hatte, mir in den Rücken gefallen zu sein. Er aber stand nur da und grinste breit, tat so, als sei nichts gewesen und amüsierte sich ganz offensichtlich, dass ich noch immer keine Miene verzog.

Danach hat er mir erst einmal ein paar Dinge erklärt. Zum Beispiel, dass die aus dem Heim nicht ausschließlich für mich zuständig sind, sondern auch nach den anderen Kindern sehen müssen, und dass sie einschreiten, wenn einer der »größenwahnsinnigen Halbstarken« meint, sich nicht an die Umgangsregeln halten zu müssen.

So leicht wollte ich es ihm nicht machen, habe auf Teufel komm raus beschwichtigt, Erklärungen gefunden und abgewiegelt. Aber je mehr er redete, desto deutlicher sah ich vor Augen, dass er gar nicht so verkehrt lag.

Über vieles habe ich nach solchen Gesprächen nachgedacht. Auch darüber, dass ich zu Hause meinen eigenen kleinen Bruder geschlagen habe. Heute tut mir das leid. Ich habe es gemacht, wie es alle getan haben, ohne nachzudenken. Die meisten Leute machen genau das, was in ihrer Gruppe üblich ist – ohne groß nach Alternativen zu suchen. Einfach, weil sie glauben, es gehöre dazu. Sie rauchen oder kiffen, trinken Alkohol und ziehen zusammen herum und stellen eine Menge Blödsinn an.

Ich bin mittlerweile der festen Überzeugung, von Zeit zu Zeit sollte man nachdenken, um zu erkennen, ob das, was man tut, auch wirklich das ist, was zu einem passt. »Veränderungen fangen immer bei einem selbst an.« Diesen Satz habe ich mir eingeprägt und muss sagen, dass er wirklich Sinn macht. Mir sind Zusammenhänge klarge worden. Die Gruppe, zu der man gehören will, wird nicht stärker, weil einer es dem anderen nachmacht, oder für sich beansprucht, das Sagen zu haben. Wenn sie Unterschiede aushält, dann ist sie wirklich stark. Jeder Mensch hat seine eigenen Fähigkeiten und Schwächen. Wir sollten voneinander lernen. Ich muss es zugeben: Die Auseinandersetzung mit solchen Themen kann schon auch peinlich sein. Dann, wenn man, wie ich, erkennt, dass man selbst nicht immer ganz so klug gewesen ist, wie man von sich gedacht hat.

Manchmal habe auch ich die Grenzen der jüngeren Kinder nicht respektiert und musste mir deshalb den ein oder anderen Spruch anhören.

»Für jemanden, der so viel über Respekt redet, trampelst du den Leuten gewaltig auf den Nerven rum. Du pfeifst drauf, was sie in Sachen Umgangsregeln im Kinderheim sagen. Respekt aber endet nicht da, wo er für einen selbst unbequem wird.« Solche Redensarten mag ich erst mal überhaupt nicht. RB hat oft so geistreiche Kommentare auf Lager, die mich daran hindern, einfach mit dem, was mir so in den Sinn kommt, weiterzumachen, und das kann wirklich lästig sein. Es dauerte nicht lange, und ich wollte nur noch, dass er wieder einlenkte. Das aber bedeutete, dass ich mein eigenes Verhalten ein wenig mehr auf den Prüfstand stellen und verändern musste. Ich aber war, wie gesagt, nicht gewöhnt, kritisiert zu werden. Dinge, die mir unangenehm sind, will ich normalerweise »totquatschen«, was mir oft auch gelingt. Oder ich mache einen Witz. Das wirkt auch. Das liegt vielleicht daran, dass ich versuche, alles leicht zu nehmen.

»So, du hattest deinen Spaß, lass es gut sein«, sagte ich und riss einen meiner fragwürdigen Witze.

»Du bis flink wie ein Wiesel – auch beim Sprechen und Argumentieren und man muss auf der Hut sein, dass man nicht vergisst, was man sagen will. Das ändert aber leider nichts daran, dass du deine Fehler nicht zugeben kannst und wir alle nicht einfach nachgeben werden, nur damit es keinen Streit gibt.« Eine seiner Drohungen, die durchaus ernst gemeint waren. »Ich bin dein Coach,« hat er gesagt.

»Du bist mein Coach«.

Da habe ich ihn das erste Mal geduzt und mich geärgert, weil ich ihm ja zeigen wollte, dass ich eingeschnappt war, aber ich war froh darüber, dass er mein Coach ist, (was ich ihm gegenüber aber vorsichtshalber erstmal nicht zugegeben habe.) Seine Kritik aber bringt mich weiter.

Nun habe ich verstanden, dass gerade die jüngeren Kin-

der meine bisweilen etwas zu ruppigen Späße nicht immer verstehen können, weil auch sie ihre eigenen Erfahrungen gemacht haben. Nicht nur ich habe Gewalt erlebt. Deshalb sind für sie meine spaßig gemeinten Attacken oftmals nicht so lustig, wie ich denke, und sie reagieren mit Angst. Das soll einer wissen. Gut, dass mir das mal einer erklärt hat. Es ist gut, darauf zu achten, dass wenigstens bei uns im Kinderheim Schutz und Geborgenheit herrschen – und zwar für alle.
Seit dieser Erkenntnis denke ich anders. Wir sind keine Familie, gut. Aber je länger wir zusammenleben, desto mehr fühlen wir uns ein klein wenig so, und das ist gut. Ich versuche jetzt, den Kleinen mehr zu helfen und übernehme mehr Verantwortung.

Wir haben schon bald nicht mehr nur über Flucht geredet. Das Leben geht weiter und man hat eine Menge Scherereien. Zum Beispiel mit dem Lernen. Dazu hat man natürlich nicht immer Lust, aber hier gibt es richtige Schulen und man wird nicht mal geschlagen. Viele wissen gar nicht, was das wert ist. Es lernt sich einfach besser, wenn man behandelt wird, wie ein Mensch. Man darf sogar Fragen stellen. Nicht nur das. Sie werden als etwas Wertvolles angesehen. Fragen, die ihren Sinn haben. Das muss man sich mal vorstellen ... Niemand, der einem das Denken abgewöhnen will, sondern im Gegenteil: Wie oft heißt es: »Gebrauch endlich mal dein Hirn und tritt für deine eigene Überzeugung ein!«

Wir sollen selbstbewusste Menschen werden. Das sind doch alles in allem günstige Voraussetzungen. Man darf sogar Fehler machen, ohne an den Pranger gestellt oder verprügelt zu werden.

Ich will auf jeden Fall meine Chance nutzen und bin dann, trotz der langen Fehlzeiten, auf eine Realschule gewechselt und dort nicht mal einer der schlechten Schüler geworden. Dafür habe ich ziemlich viel Lob bekommen, was mich natürlich gefreut hat.

Manchmal habe ich Angst, meine Sprache zu vergessen. Vielleicht ist sie irgendwann weg. Wenn ich zu viel Deutsch rede, verlerne ich sie am Ende und dass ich zu viel rede, behaupten sie immer wieder.

»Du redest so viel, dass es einen in den Ohren klingelt und ich bin mir sicher, das es für beide Sprachen reicht.« Auch so ein Satz, den man glauben kann oder nicht. Einmal konnte ich einem meiner Freunde nicht mal auf meiner Heimatsprache eine Telefonnummer sagen. Das ist doch der Anfang vom Ende. »Kommt alles zurück«, hat RB behauptet und wieder mal recht behalten.

Mittlerweile habe ich auch afghanische Freunde, mit denen ich ganz viel Zeit verbringe. Und ob man es glaubt oder nicht: Das bringt wieder ganz andere Probleme mit sich. Wenn ich ganz viel Dari spreche, geht es mit dem Deutsch nicht voran. Wenn ich was nicht genau weiß, nuschele ich einfach drüber weg oder rede ganz schnell. Das hört sich dann fast so an, als würde ich tatsächlich unglaublich gut Deutsch sprechen, ist aber auch keine Lösung – ich weiß.

Die Flucht muss man zwischendrin auch mal ruhen lassen. Man kann sich wirklich nicht ausschließlich mit schrecklichen Dingen befassen. Es gibt auch noch den Alltag, der einen immer wieder einholt und Probleme mit sich bringt: Meine Narbe zum Beispiel. Im Sommer 2017, die Operation lag da ein gutes halbes Jahr hinter mir, wollte ich, wie alle anderen Leute, schwimmen ge-

hen. Die Erwachsenen musste ich erstmal davon überzeugen, dass ich soweit war, im Kampf gegen das Chlorwasser bestehen zu können. Ich weiß nicht, wie oft sie mir erklärt haben, dass mich auf der einen Seite nur noch Haut zusammenhält. Ich glaube, sie hatten Angst, dass ich mich im Wasser auflösen könnte. Aber nachdem die Ärztin auch zugestimmt hat, hat selbst RB schlecht noch was dagegen einwenden können, obgleich er es versucht hat.
Manchmal fragen mich die anderen Schwimmbadbesucher, warum ich einen Schwimmanzug statt einer Badehose trage. Dann erzähle ich etwas von »Chlorallergie«, was die meisten dann einfach so hinnehmen. Als ob das Wasser mit seinem Chor nicht durch das Ding durchkäme, aber mir ist keine bessere Ausrede eingefallen. Gut, ich hätte sagen können, dass ich operiert worden bin und meine Narbe nicht so offen zeigen will, nur, das wollte ich nicht. In solchen Situationen wird klar, so leicht, wie ich in der Regel tue, ist es dann doch nicht.

In einem meiner Treffen mit RB haben wir darüber gesprochen, dass mein Konzept nicht mehr aufgeht. (RB drückt sich manchmal ein wenig kompliziert aus.) Was er damit meint, ist meine Art, die Dinge zu umschiffen. Ich tue nämlich, als wäre alles wie früher. Manchmal ist das gut, was auch er zugibt, weil ich einfach mit dem, was mir immer wichtig gewesen ist, weitermache und mich nicht behindern lasse.
Wenn ich ihm aber wieder mit der Geschichte von nachwachsenden Bauchmuskeln komme, wird er ernst.

»Du kannst nicht weglaufen«, sagt er dann. »Sieh hin!«, und ein paar Mal noch haben wir die Fotos meiner Ope-

rationsnarbe angesehen. (Wie gesagt: Manchmal ist es schon anstrengend mit ihm.) Ich will immer noch nicht gerne hinsehen, tue es aber. Die Narbe ist groß wie ein Fußballfeld und hässlich wie eine Qualle, aber ich kann wie alle anderen Jungen in meinem Alter leben.
Nur, wie ich das mit den Mädchen machen soll, weiß ich nicht genau. Vielleicht ist die Geschichte vom Haifisch gar nicht so schlecht, oder ich trage ein so enges Unterhemd, dass sie es nicht so einfach hochschieben können. Solche Situationen soll es ja geben.
Es gibt immer wieder Momente, da merke ich selbst, dass ich manche Sachen nicht so richtig kann. Ich erinnere mich, auf der letzten Ferienfreizeit durfte ich nicht beim Klettern teilnehmen. Das war hart. Richtig hart. Alles nur, weil einer der Gurte quer über dem »Haifischbiss« gesessen hätte. Klettern aber tue ich so gerne. Ich saß also unten und habe den anderen zugesehen. Das war schwierig auszuhalten. Es war nicht das erste Mal, dass ich nicht konnte, wie ich wollte, aber es war das erste Mal, dass es so offensichtlich gewesen ist und alle gemerkt haben, dass ich nicht mehr der Alte war.

Im Frühjahr 2017 bin ich schnell an meine körperlichen Grenzen gekommen. Mit einem nur halben Sixpack war das alles nicht so leicht. Ich war erschöpft, wenn ich mich zu sehr belastete, konnte nicht mehr alle Dinge tun.
Nun, ein halbes Jahr nach der Operation wurde ich allmählich schief. Die Muskeln versuchen auszugleichen, was nicht mehr da ist, aber ich spürte, wie mein Oberkörper einknickte.
Ich wollte ins Fitness–Studio. In eines dieser billigen, wo sich die ganzen Jugendlichen herumtrieben, und die Er-

wachsenen nicht beim Training störten, aber dagegen hatten sie auch was: In meinem Zustand sollte mich ein geschulter Krankengymnast wieder auf Vordermann bringen.

»In meinem Zustand ... wenn ich das schon höre«, habe ich gemault, aber wahrscheinlich war es ja besser so. Keine Ahnung. Es wäre ja auch peinlich gewesen, wenn ich mit den anderen nicht hätte mithalten können. Vielleicht brauchte ich tatsächlich einen persönlichen Schutzraum. Ich bin aber nur ein paar Mal hingegangen und schief bin ich bis jetzt auch nicht geworden, aber ich denke manchmal daran. Was, wenn es immer weiter bergab geht? Ich frage mich so oft: warum ich? Warum ist mir das passiert? Dann liege ich manchmal auf meinem Bett und versuche mir einzureden, dass es gar nicht wahr ist. Alles nur Einbildung! Es ist ein Traum, ein schlimmer Traum, aus dem ich bald aufwache, auf meinen Bauch sehe und keine Narbe mehr habe. Alles glatt und schön! So wie es sich gehört. Sogar das Sixpack ist wieder da. Glück gehabt! Manchmal träumt man eben und ist froh, wenn man morgens wach wird und denkt: Was war das denn für ein Scheiß? Und manchmal ist es umgekehrt.

Ich bin dennoch froh. Nur anders, denn, wenn ich vor dem Badezimmerspiegel stehe, sehe ich den oberen Rand meiner Narbe, die Stelle, für die meine Haut nicht ganz gereicht hat und habe mir einen ganz einfachen Trick angewöhnt: Ich gehe in die Knie und schon sehe ich nur noch den Teil ohne Haifischbiss. Mein Spiegelbild ist dann so, wie ich es gerne habe.

Dummerweise wachse ich. Je größer ich werde, desto mehr muss ich in die Knie gehen.

»Ein bisschen anstrengend auf Dauer«, behauptet RB und unterschätzt, wie hartnäckig ich bin. Ich weiß aber ganz genau, was er meint. (Ich könnte den Spiegel höher hängen.)
Wenigstens der Rest soll toll aussehen. Deshalb wollte ich ja unbedingt ins Fitness–Studio, sobald ich den Fängen der Krankengymnasten entkommen war.
Mit anderen Jungs in meinem Alter wollte ich Gewichte stemmen. Das habe ich gewollt. Das ist nicht schwer zu verstehen, oder? Aber gleich, wenn ich das erwähnt habe, verzogen sie sorgenvoll die Gesichter. Du kannst dies nicht und jenes auch nicht! Wenn ich in so einem Fitness–Studio trainieren würde, könnte ich ja ohne weiteres verschweigen, was mit mir ist. Das tue ich eigentlich immer, wenn es geht.
Selbst als ich in den Sommerferien meine Tante besucht habe, habe ich nichts erzählt. Sie hat mein Kompressionshemd gesehen und gefragt, warum ich das Ding trage. Ich habe daraufhin irgendwas gesagt, das sie nicht geglaubt, sie aber erstmal beruhigt hat. Meine Mutter weiß auch nichts. Sie ist in Afghanistan und hat ein neues Baby bekommen, (dabei kenne ich das Kind, das sie, kurz nachdem ich weggegangen bin, gekriegt hat, auch noch nicht). Sie hat also genug Probleme, warum soll sie sich auch noch um mich sorgen? Ich erzähle ihr, was für Mütter gut ist. Dass ich schon ganz gut Deutsch spreche, in der Schule erfolgreich bin und mich mit allen verstehe. Das meiste stimmt davon ja. Mütter müssen nicht alles wissen.
Ob ich meine Geschwister jemals sehen werde? Meine Gedanken sind oft in Afghanistan und oft ist Afghanistan hier bei mir in meinem Zimmer im Kinderheim.

Spätestens als sie einen anderen afghanischen Jungen aufgenommen haben, hat sich das Gefühl, dass alles gut ist, so, wie es ist, aber geändert. Das wollte ich auf gar keinen Fall: Mit einem anderen Afghanen mein Zimmer teilen. Das ist vielleicht nicht ganz so einfach zu verstehen, aber der Typ war älter als ich und ich hatte die Befürchtung, dass er mich nachts killen könnte. Wahrscheinlich hatte er ein Messer. Wenn nicht umbringen, dann aber würde er mich für seine Zwecke missbrauchen wollen. Die unverheirateten Männer können ja nicht so ohne weiteres eine Frau in ihr Bett ziehen. Die Bedürfnisse und der Trieb aber bleiben … schwieriges Kapitel. Ich auf jeden Fall hatte anfangs große Vorbehalte. Panik wäre vielleicht das richtige Wort. Ich war mir sicher, keine Nacht mehr ruhig schlafen zu können und fühlte mich schutzlos ausgeliefert. Die im Heim haben mir dann aber erklärt, dass es dem Jungen vielleicht eben so geht … Das sollte glauben, wer will. Die Größeren hatten es immer auf die Kleineren abgesehen. Bestimmt trug er ein Messer.
Die Erfahrungen setzten einen manchmal lahm. So schlimm war es dann gar nicht mit ihm. Wir haben uns dann sogar schnell ganz gut verstanden, und ich habe den Neuen gehänselt, weil er noch nicht so gut Deutsch gesprochen hat, wie ich und sowieso etwas langsamer gewesen ist. Außerdem hat er kaum was gesagt und war unglaublich schüchtern. Da hat es sich angeboten, dass ich ihn ein bisschen auf die Schippe genommen habe.
Natürlich habe ich auch dafür dann umgehend einen auf den Deckel bekommen. Nichts darf man. Der Neue ist aber auch ein Langweiler! Man kann sich das gar nicht vorstellen. Anfangs hat er nur stumm auf seinem Bett gesessen und hatte Angst oder was auch immer.

Dann haben sie erklärt, dass die Menschen unterschiedlich sind, als ob ich das nicht selbst wüsste. Und, dass jeder seine Fluchterlebnisse anders verarbeitet.
Über das, was wir erlebt haben, gab es nichts viel zu reden. Jeder muss irgendwie für sich selbst klarkommen, habe ich gedacht. Auf jeden Fall habe ich ihn, nachdem sie mir gedroht haben, mich in die Garage auszuquartieren, dann in Ruhe gelassen.
Auch, als wir uns besser kennengelernt hatten, haben wir über unsere Erlebnisse nie geredet, dabei kommt er aus der gleichen Gegend wie ich. Gesehen haben wir uns in Afghanistan nie, aber ausgeschlossen wäre es nicht gewesen. So weit auseinander haben wir nicht gewohnt. Auch wieder etwas, dass ich beeindruckend finde: Man muss sich auf einen langen und beschwerlichen Weg machen, um einen Fast–Nachbarn kennen zu lernen ...

Es ging weiter bergauf: Bereits im Sommer 2017 habe ich alle ziemlich beeindruckt. Wir haben den Lauf bei uns im Stadtteil mitgemacht und ich bin fünftausend Meter gelaufen! Ich kam ins Ziel und musste nicht etwa auf einer Bahre fortgetragen worden, sondern bin als Zweiter durchs Ziel gekommen! Als Zweiter! Nach fünftausend Metern und knapp acht Monaten nach den Operationen.
RB hat mich »zähes Vieh« genannt, was so etwas wie eine Auszeichnung gewesen ist. Alle haben mir gratuliert und es war ein unglaublich gutes Gefühl, dass ich alles mitmachen konnte – gut, fast alles. Laufen ist etwas, das man nicht aus dem Rumpf heraus tut. Viele Berufe, in denen körperliche Arbeit verlangt wird, scheiden für mich von vorneherein aus. Ich werde immer einge-

schränkt sein und aufpassen müssen. Gut, das Laufen hatte schon mal geklappt. Jedenfalls war ich spätestens da zurück im Leben.

Hin und wieder schauen sie noch heute meine Narbe an, die nicht schöner, aber auch nicht hässlicher geworden ist und machen immer noch von Zeit zu Zeit ein Foto, der Vollständigkeit halber. Vor RB habe ich mich nie geschämt, wenn der nachgesehen hat, wie alles verheilt ist. Ich glaube, er würde jede Veränderung erkennen. Manchmal habe ich ihm meinen Bauch gezeigt, wenn wieder irgendwoher ein Faden nach draußen gewachsen ist, oder an irgendeiner Stelle etwas wund geworden war.

Mittlerweile ist die Angelegenheit von einem Gutachter geprüft worden und man ist zu dem Schluss gekommen, ein juristisches Verfahren anzustreben. Wenn dem Arzt nachgewiesen kann, dass er einen Fehler gemacht hat, könnte ich vielleicht Schadensersatzansprüche geltend machen, weil ja auch spätere Probleme nicht auszuschließen sind. Man weiß nie, was ein Körper sich noch einfallen lässt. Am Ende werde ich doch noch schief oder habe ständig Rückenschmerzen oder sonst was. Keine Ahnung. Ein Prozess kann Jahre dauern und, wie die Rechtsanwältin mir erklärt hat, wird die Beweisführung das Problem werden. Nun gut. Was soll's? Ich lass es auf mich zukommen. Gut, dass wir die Fotos haben.

In der Zwischenzeit trainiere ich weiter, um die schwache Seite auszugleichen. Nächstes Jahr will ich zehn Kilometer laufen und immer wenn ich das erzähle, kommt es wieder das »übertreib es nicht!«, zusammen mit dem sorgenvollen Blick und der in Falten gelegten Stirn. Aber laufen geht – viel von dem anderen aber nicht mehr – vielleicht nie wieder.

Asyl

Vor ein paar Monaten mussten wir ins Bundesamt für Migration und Flüchtlinge, besser bekannt unter BAMF. Ich war scheißaufgeregt, weil ich erzählen und sie meine Geschichte aufschreiben würden. Ein bisschen wie in meinen Beratungsstunden hier, aber auch wieder nicht vergleichbar.

RB hat mich begleitet und wollte mich zurück ins Haus schicken, weil ich angeblich zu dünn angezogen war. Ich aber habe ihm erklärt, dass Jungen nicht so schnell frieren wie »alte Männer«. So alt ist er gar nicht, aber ich weiß eben, wie ich ihn am besten ärgern kann.

Also, ich musste wieder einmal mit dem Kopf durch die Wand: Weiße Sommerschuhe, ein Oberhemd, dünne Jeansjacke drüber – fertig! (Und auf Socken habe ich auch verzichtet.) Nur, dass es Freitag, der 10. November 2017, acht Uhr fünfundvierzig in der Früh war. 10 Grad und ziemlich windig.

Er kam aus dem Kopfschütteln gar nicht mehr raus. Ich habe schon auf dem Weg zu seinem Auto gefroren, aber abgehärtet getan. Die Räume dort würden geheizt sein, das Auto auch. Auf der Fahrt hat er mir noch erklärt, was ich nicht vergessen darf, aber das ist so eine Sache, wenn man aufgeregt ist.

Meine Anwältin, die für die ausländerrechtlichen Angelegenheiten, war auch dabei und eine Dolmetscherin. Die hätte ich eigentlich gar nicht gebraucht – na, ja vielleicht doch. Manches ist doch ganz schön kompliziert auszudrücken, wenn man nicht alle Wörter kennt. RB durfte mit rein, quasi als Sachverständiger, ist aber in eine Ecke gesetzt worden und musste still sein. Mal was ganz Neues. Nur einmal, als es um meine Krankengeschichte ging, hat er reden dürfen, weil sie die Unterlagen nicht so rich-

tig verstanden haben. Da hat er das ganze Drama innerhalb von ein paar Minuten auf den Tisch gelegt. Alles in schwärzesten Farben gemalt, eigentlich sonst nicht seine Art, aber diesmal »für einen guten Zweck«, wie man so schön sagt, aber gelogen war nichts. Ich glaube, Lügen ist nicht seine Sache. Mir gegenüber ist er jedenfalls immer ehrlich gewesen.
Danach hatte ich ein ganz gutes Gefühl, war aufgedreht und habe einen blöden Spruch nach dem anderen gerissen, und es fehlte nicht viel, und RB hätte mich am nächsten Bahnhof ausgesetzt. Zumindest hat er damit gedroht. (Hätte er aber nie gemacht – glaube ich).
Er war nicht ganz so beschwingt, konnte meine Euphorie nicht recht teilen. Vielleicht hatte er schon da eine Vorahnung. Und dann hieß es warten. Wie lange kann ich nicht mehr genau sagen. Man denkt dran und dann auch wieder nicht. Für jemand, der hier geboren wurde, ist das sicherlich schwer zu verstehen, aber ich habe immer die Angst gespürt, dass sie sagen, dass ich zurückmuss. Und dann hatten wir den Salat: Mein Asylantrag ist tatsächlich abgelehnt worden. Wenn ich ehrlich bin, hätte ich das niemals gedacht. Es war wie ein Schlag ins Gesicht: Sie wollten, dass ich zurückgehe.

»Eine Aufforderung zur Ausreise«, nennen sie das. »Du musst gehen«, so viel heißt das eigentlich. Wieder einmal »Du musst gehen!« Ich war verzweifelt und RB bliebt ruhig, aber ich spürte, dass auch er sich etwas anderes gewünscht hat. Ich kann gar nicht beschreiben, was in mir passiert ist. Es war, als würden lauter Knallfrösche in mir rumspringen und ich war einfach nicht zur Ruhe zu bringen. »Du wirst nicht abgeschoben!«, haben sie gesagt, aber ich konnte den Gedanken daran, alles wieder zu verlieren, nicht aus dem Kopf bekommen. Mit Unbehagen habe ich Polizisten hinterhergesehen. Ein paar von ihnen würden auftauchen, mich aus dem Heim in ihr Auto zerren, zum Flughafen fahren, um mich dort direkt in ein Flugzeug zu setzen: »Auf Nimmerwiedersehen und alles Gute!«. So was in der Art würden sie sagen, oder auch nur: »Alles Gute!«, aber egal was, es würde auf dasselbe hinauslaufen: Darauf, wieder in Afghanistan zu sein.

Ich würde erneut fliehen, diesmal aber nicht zum Ziel kommen. Die Grenzen sind zu. Die Menschen sitzen oft monatelang in Lagern und die Umstände dort sind grauenhaft. Ich verfolge das sehr genau. Alles in allem also keine Perspektiven.

Die Aufforderung zur Ausreise wäre erst mal das Ende gewesen, wenn meine Anwältin nicht Widerspruch eingelegt hätte. Ich bin froh, dass die Leute, die sich um mich kümmern, sich mit allem Möglichen auskennen. Sie wussten, was zu tun ist.

Widerspruch einlegen, weil man etwas nicht genau so sieht. Das interessiert bei uns zu Hause niemanden. Man kann nicht einfach so seine Meinung vertreten, zumindest nicht, wenn man noch was vom Leben haben will. Man muss das gut finden, das vorgegeben ist. Freie Meinungsäußerung: Fehlanzeige.

Afghanistan gilt seit einiger Zeit als sicheres Land. Das hat vieles geändert. Denn man schickt die Leute wieder zurück.

Schon dagegen muss ich Widerspruch einlegen. Wie soll ein Land sicher sein, in dem man nicht weiß, wo wer gerade gegen wen kämpft? Überall Krieg. Da ist gar nichts sicher. Im Zweifelsfall weiß man nicht mal, von wem man erschossen worden ist. Das können im Eifer des Ge-

fechts durchaus auch mal die eigenen Leute sein. Gut, wenn es passiert ist, spielt das auch keine Rolle mehr, aber was ich damit sagen will: In meiner Heimat könnte ich niemals so leben, wie ich es hier kann. Ich hätte kaum eine Chance. Nicht auf einen qualifizierten Schulabschluss, nicht darauf, eine Berufsausbildung machen zu können und auf Frieden schon gar nicht. Wie sollte ich unter solchen Umständen Kinder in die Welt setzten? Nicht, dass es damit nicht noch Zeit hätte, aber man kann bei uns auch nicht davon ausgehen, dass man das mit der Hochzeit selbst zu entscheiden hat.
Der Widerspruch meiner Anwältin war wichtig. Mein Asylverfahren würde also in die nächste Runde gehen und bis zum endgültigen Bescheid werden vermutlich noch Jahre vergehen. Bis dahin bin ich so lange hier in Deutschland, dass ... Wer weiß, wer weiß ...
Erstmal wurde ich dann aber tatsächlich aufgefordert, das Land zu verlassen. Sie wollten mich nicht. Was für ein Scheißgefühl. Ich hatte es schwarz auf weiß. Es verbietet einem ja normalerweise der eigene Stolz, irgendwo zu bleiben, wo sie einen loswerden wollen, aber was sollte ich tun?

»Keiner will dich loswerden!«, haben sie mir versichert und den Arm um mich gelegt. »Wir alle wollen, dass du bleibst. Ohne dich wäre es einfach viel zu leise im Haus.« Alle sind ruhig geblieben, nur ich nicht. Die aus dem Heim und die Anwältin haben gemailt. Ein Formfehler, hieß es dann. Der Widerspruch war vom BAMF nicht an die Ausländerbehörde weitergeleitet werden. (Passiert wohl öfter mal).
Wenn dir einer unmissverständlich zu verstehen gibt: Hier bist du unerwünscht, hier kannst du nicht mehr

bleiben, das sind schreckliche Momente. Natürlich habe ich Augen im Kopf und weiß, dass es hier in Deutschland auch Leute gibt, die sich freuen, wenn jemand nach Hause geschickt wird, aber im Heim haben mir alle Mut zugesprochen und keinen Zweifel daran gelassen, dass ich auch weiterhin dazugehöre.

Manchmal sehe ich im Fernsehen, wie brutal sie gegen Ausländer vorgehen, dass sie, wie bei uns daheim Häuser anstecken. Es gibt auch hier immer wieder Todesfälle. Menschen die glauben, andere erschießen zu dürfen, weil sie woanders herkommen. Aber wer weiß schon woher jemand kommt? Gute und schlechte Menschen gibt es also überall in der Welt. Wissen die eigentlich, was sie da tun? Wenn sie rufen »Absaufen« und damit die Flüchtlinge meinen, die ihr Leben auf dem offenen Meer riskieren? Nicht jeder zieht ein Gewehr und erschießt wehrlose Menschen, aber es gibt immer wieder welche, die einen nicht grüßen. Einer unserer Nachbarn zum Beispiel tat sich verdammt schwer, freundlich zu sein. Ich grüßte ihn aber immer wieder und lächelte ihn an und dann eines Tages konnte er nicht anders und hat rübergenickt und mich zurückgegrüßt. Ein Anfang.

Mein größter Wunsch ist es, hierzubleiben. Das ist es, um das ich Allah bitte. Man wollte mich also zurückschicken – in ein Land, in dem man nicht mal genau sagen kann, ob es überhaupt einen Morgen gibt. Die Zustände sind nicht besser geworden. Meine Mutter geht mit meinen Geschwistern aus Angst, es könnte was passieren kaum noch aus dem Haus und wenn, immer in Angst. Dahin soll ich also zurück? Das ist merkwürdig. Endet da der Jugendschutz?

Ich habe oft Angst. Man sieht mir so etwas nicht unbedingt an, aber ich frage mich, was soll nur werden, wenn ich erwachsen bin? Darf ich hier in Deutschland eine Ausbildung machen? Werde ich dazu gehören? Oder wartet man nur darauf, mich abschieben zu können? Sie sollen mich nicht wieder nach Afghanistan verfrachten. Ich habe diese Berichte von Abschiebungen gehört. Auch die machen mir Angst. Im März 2021 werde ich achtzehn. Was dann?

Meine Geschichte hat sie nicht überzeugt. Ich bin auf der Flucht nicht angeschossen worden, meine Familie ist bis jetzt am Leben geblieben, und ich konnte keine Originalpapiere vorlegen, nicht nachweisen, dass ich verfolgt worden bin.

Andere haben »subsidiären Schutz« erhalten. Gleiche Herkunft, ähnliche Geschichte. Schutz bedeutet: Gewonnene Zeit und, dass man nicht so ohne Weiteres abgeschoben werden kann.

Wenn ich in Afghanistan wäre, würde ich von Deutschland träumen. Das können sich viele gar nicht vorstellen.

»Man will doch zurück, dahin, wo man geboren worden ist«, sagen sie. Aber, wenn da nichts ist? Auf was soll man hoffen? Die Befürchtung, von den Taliban verschleppt zu werden, bleibt. Ich will in keinen Krieg ziehen müssen, habe Angst davor, dass mich irgendwer erschießt. Ich habe die Schüsse gehört, denen ein Schrei gefolgt ist und dann gar nichts mehr zu hören war. Es ist ein Gefühl, dass man kaum beschreiben kann. Diese Stille.

Ich träume fast jede Nacht, dass sie mich fortschaffen und ich zurückmuss. Dann wache ich mit Herzklopfen auf und es dauert eine ganze Zeit, bis ich wieder zu mir komme und mir klargemacht habe: Es war nur ein

Traum. Noch bist du in Sicherheit. Ich möchte schöne Träume haben.

Die Kinder im Heim oder die aus meiner Klasse verstehen oft gar nicht, was Krieg wirklich bedeutet. Wie soll man so was erklären? Krieg ist, wenn so getan wird, als wäre das Leben nichts wert, als gäbe es keine Heimat. Man erschießt plötzlich Menschen, mit denen man vor noch gar nicht langer Zeit friedlich zusammengelebt hat. Plötzlich gibt es Feinde. Wo kommen die auf einmal her?

Krieg das bedeutet: zerschossene Häuser, Patronenhülsen, Krater und wenn man Pech hat: Blutspuren. Dann weiß man: Da ist jemand gestorben!

Wer wen umgebracht hat, war manchmal gar nicht zu klären und ich habe erlebt, dass die Toten liegengeblieben sind – oft stundenlang, bis sie dann endlich jemand geholt hat. Niemand fühlt sich erstmal verantwortlich, wen fortzuschaffen. Dafür ist nur die Familie zuständig und bis die kommt, kann es eben auch mal länger dauern.

Es kann einem passieren, dass man über ein Feld läuft und einen Arm findet, oder einen Fuß. Egal. Was ich sagen will: Der Tod ist überall. Je mehr geschossen wird, desto weniger Ordnung gibt es, desto mehr Perspektiven werden auch zerschossen. Krieg ist sowas wie ein großer Streit, in dem der Eine den Anderen nicht zu Wort kommen lassen will.

Vielleicht ist das für jemand, der im Frieden groß geworden ist, schwer zu verstehen, aber man muss sich nur vorstellen, man liefe durch Frankfurt und die Häuser wären zerstört und die Menschen würden kein Zuhause mehr haben.

In fast jeder Familie wäre jemand erschossen oder durch

Granaten verstümmelt worden. Das Lachen wäre überall verschwunden und eine Gruppe von Männern würden einem sagen, was man zu tun und was zu glauben hat.
Mit einem Mädchen aus meiner Gruppe bin ich neulich einmal richtig aneinandergerasselt. Nicht alles, was sie sagt, ist klug – wirklich nicht.
Sie hat behauptet, sie würde niemals ihr Land verlassen. Unter keinen Umständen! Selbst wenn Krieg wäre, würde sie nicht von ihrer Mutter fortgehen. Dabei hat sie den Kontakt zu ihr längst abgebrochen und spricht schlecht über sie, aber das war nicht das, was mich daran aufgeregt hat. Warum sprechen Leute von Dingen, von denen sie absolut keine Ahnung haben?

»Was weißt du vom Krieg?«, habe ich sie gefragt. Gut, nicht einfach so in ruhigem Ton, denn dazu war ich zu wütend. Ich habe sie also angebrüllt, weil sie behauptet hat, dass auch Bomben ihr nichts machen würden. Gar nichts. Sie würde bleiben. Gut, klug ist das nicht, aber, was mich wirklich aufgeregt hat, war, dass sie getan hat, als wäre ich ein Feigling, der weggerannt ist.
Hat sie jemals gesehen, wie jemand vor deinen Augen erschossen wird? Nein! Ich bin kein Feigling. Niemand geht einfach so.
Vielleicht liest sie unser Buch und denkt ein bisschen über das nach, was sie sonst so ohne zu überlegen von sich gibt. Ich glaube, das ist ein großes Problem: Die Leute plappern zu viel und denken zu wenig.
Auch ich habe Fehler gemacht und erst hier eine Menge begriffen und mich manchmal auch geschämt, für das, was ich getan habe. Bruder verzeih mir! Ich war dumm. Ich hätte ein lieberer, fürsorgenderer Bruder sein sollen, aber ich habe erst hier gelernt, dass es besser ist, Kindern

zu erklären, was sie falsch gemacht haben, anstatt draufzuschlagen. Das habe ich meiner Mutter am Telefon erklärt. Ich glaube, davon hat auch mein Bruder was.

Ich habe viel kapiert, auf der Flucht und auch hier.

Manchmal, wenn ich heute über das Essen maulen will, denke ich daran zurück, dass es eine Zeit in meinem Leben gegeben hat, in der ich viel weniger hatte. Keinen Hunger mehr haben zu müssen ist ein großes Glück und ich bin so dankbar für alles.

Türkei

Den Iran sollten wir hinter uns lassen, worüber wir glücklich waren. Zu unserer Gruppe gehörten, wenn ich das richtig erinnere, so in etwa fünfzig Leute. Menschen, die alle weiter wollten und die nicht auffallen durften.
Wenn man sich vorstellt, wie viel fünfzig Leute sind, weiß man, dass das kein leichtes Unterfangen war, sicherzustellen, dass wir nicht zu viel Aufsehen erregten.
Wieder warteten wir. Wieder wussten wir nicht so recht, wie es weiter ging, nur, dass angeblich einer kommen sollte, um uns bei der nächsten Etappe zu begleiten.
In einer der folgenden Nächte hieß es plötzlich: »Es geht los!« Wir alle wurden schnell zusammengetrieben. »Dort, wo es dunkel ist und euch niemand sehen kann, sammelt ihr euch und wartet auf uns!«
Normalerweise nimmt man Straßen und ordentliche Wege und, wenn man einen Fluss überqueren will, eine der Brücken, die ja hierfür eigens gebaut worden sind. Wir aber durften nicht die Brücke benutzen, die uns auf die andere Seite gebracht hätte, wir mussten den Fluss, (die Grenze zwischen Iran und der Türkei), überwinden, ohne, dass man uns sah. So, wie man es in Abenteuerfilmen sieht. Vorher habe ich mir viele Gedanken gemacht. Wie ich es schaffen können würde, durch den Fluss zu kommen. Ich war klein, das Wasser tief und schwimmen konnte ich auch nicht. Es war erstmal nicht davon auszugehen, dass mir jemand helfen würde. Jeder sah zu, wie er selbst klar kam. Es war immer das Gleiche. Keine guten Startbedingungen also. Mein Herz schlug und wieder einmal betete ich. Was andere schaffen, kannst du auch, habe ich mir dann gesagt. Im Sommer wäre es leichter gewesen, aber es war scheißkalt und wir mussten alles ausziehen, was entbehrlich war. Wenn es kalt ist, zieht

man sich nicht gerne aus, und wenn man weiß, dass man dann auch noch in kaltes Wasser steigen muss, wird es nicht besser. Ausziehen – das war für die Frauen erst gar nicht nicht möglich. Die mussten bleiben, wie sie waren. In voller Montur, also auch mit Kopfbedeckung, stiegen sie in den Fluss. Wir trugen eine Hose, mehr nicht. Das Wasser reichte mir bis zum Hals und keiner wusste, ob es nicht noch tiefer werden würde. Und, als ob das nicht alles schon schwierig genug gewesen wäre, es gab etwas, dass alles noch beschwerlicher machte: die starke Strömung. Was soll man der entgegensetzen, wenn man, (wie RB es immer mal ausdrückt, wenn er mich ärgern will), nicht mehr als eine vertrocknete Heuschrecke wiegt? Wahrscheinlich kann man nur schwer verstehen, wenn ich jetzt behaupte, dass mir alles wie ein großes Abenteuer vorkam und ich einfach die Rolle des Helden eingenommen habe. So hatte die Angst keine große Chance sich meiner zu bemächtigen und ich denke, das Problem habe ich damit ganz gut gelöst. Ein paar Meter trübe, elend stinkende, arschkalte Dreckbrühe, konnten mich nicht bezwingen, aber das Wasser wurde tiefer und ich versank und dann hat Allah einen Stein unter meine Füße gerollt. Gerade noch rechtzeitig und tatsächlich: Ich habe es geschafft!

Fünf Minuten, nicht länger, hatten wir am anderen Ufer, um unsere Kleidung zu wechseln. Auch da waren die Frauen wieder mal benachteiligt. Wie sollten sie sich in so kurzer Zeit komplett umziehen, sich abtrocknen und was Neues überziehen? Die meisten blieben klatschnass, zogen vielleicht irgendwas Trocknes drüber, ich weiß nicht, auf jeden Fall haben sie die ganze Zeit entsetzlich gefroren. Nasse Kleidung wiegt so viel wie ein Esel. Alles wurde noch beschwerlicher. Man kann so frieren, das kann man sich gar nicht vorstellen. Man schlottert richtig. Die Zähne schlagen aufeinander und das Zittern will gar nicht mehr aufhören. Man zittert, als würde einem Strom durch den Körper gejagt. Und zu allem Überfluss ist dann auch noch Schnee gefallen. Schnee! Niemand, der klatschnass ist und friert wie ein Schneider, (das sagt man hier so, habe ich gelernt), kann auch noch Schnee gebrauchen.

Manche wollen wissen, warum ich nicht bei schönem Wetter geflohen bin. Was soll man dazu sagen? Vielleicht nur so viel: Eine Flucht ist keine Urlaubsreise. Man flieht, wenn es nicht mehr anders geht. Wenn man befürchtet, verschleppt oder gleich getötet zu werden, aber noch nicht sterben will. Ich wollte leben! Für solche Entscheidungen spielt das Wetter dann tatsächlich keine Rolle. Gut, wenn die Sonne geschienen hätte, wäre es erträglicher gewesen, aber nachts scheint eben keine Sonne. Das ist so, selbst wenn man im Urlaub ist ...

Wenn ich heute auf dem Eisernen Steg stehe, (das ist eine Brücke bei uns in Frankfurt) und hinunter in den Main sehe, erinnere ich mich, sehe alles vor mir und manchmal friere ich dann, was aber bald wieder vergeht.

Es war fünf Uhr morgens, als wir drüben ankamen.

Der Schnee fiel also munter weiter und wir mussten plötzlich rennen, so schnell wir konnten, weil in einer Seitenstraße Kleinbusse warteten, in die wir verfrachtet werden sollten. Was für ein Chaos. Fünf Busse. In welchen ich einzusteigen hatte, war vorher aufgeteilt worden. Wir kannten unseren Führer und die Busse waren jeweils nach dem benannt, bei dem man bezahlt hatte. Also eigentlich ganz einfach. Trotzdem alles nicht so leicht. Manche Familien wurden getrennt. In dem Bus, in dem ich schließlich saß und versuchte mich breitzumachen, damit ich nicht zerquetscht würde, wimmerte ein Kind. Es hat eine ganze Zeit gedauert, bis das jemand mitbekam. In all der Aufregung hatte sich ein Mann auch noch draufgesetzt auf das arme Wurm. Seine Eltern saßen in einem anderen Auto. Es war also auch noch allein auf sich gestellt. Kann sein, dass es auch deshalb geheult hat. Was fühlt und denkt ein Kind in einer solchen Situation? Keine Ahnung, ob ich mir damals darüber Gedanken gemacht habe. Ich glaube nicht. Wahrscheinlich war ich viel zu sehr mit mir selbst beschäftigt, aber wenn ich mit RB solche Dinge besprochen habe, sind mir eben auch noch ganz andere Gedanken gekommen.

Wir fuhren und fuhren, immer mit der Angst im Nacken, die Polizei könnte uns kontrollieren. Man hatte Leute beauftragt, die sie im Blick behalten sollten, um uns zu warnen. Mit denen blieb man telefonisch im Kontakt, um einen großen Bogen machen zu können, sobald es brenzlig zu werden drohte.

Dann hielten wir: Aussteigen!

Mit einem Führer sind wir dann nach Hause gegangen und durften in seinem Stall warten.

Er lebte auf einem Bauernhof, aber das Wohnhaus war für uns verboten. Der kleine Ofen vertrieb die Kälte kaum, war aber besser als nichts. Es blieb also kalt, aber immerhin bekamen wir zu essen. Da hatte man fast schon das Gefühl von Gemütlichkeit, was aber daran lag, dass man in einer solchen Situation fast alles heimelig finden kann. Es reichte, dass wir duschen durften, Gut, duschen das hört sich jetzt nach gekacheltem Badezimmer und warmen Duschstrahl an. Was ich meine: Wir hatten ein Wasserloch, in das wir hineinsteigen konnten und eine Schöpfkelle zum Wasser über den Körper gießen.

Sie hielten uns wie Gefangene. Es war nicht erlaubt, den Hof zu verlassen, was nur einen Grund hatte: Sie hatten Angst, wir würden uns absetzen und der Schlepper würde leer ausgehen. Geld floss erst, wenn man los zum nächsten Punkt ging und dafür musste man erst mal wieder zu Geld kommen, zumindest, wenn keins mehr da war. Das dauerte ein paar Tage. Es war in etwa so, als würde man kreuz und quer durch die Stadt fahren, und an jeder Bushaltestelle ein neues Ticket ziehen müssen und dann bis zur nächsten Station den Bus mitsamt Fahrer wechseln.

Wir hatten kein Geld mehr, saßen also erstmal fest und organisierten, dass man von zu Hause was überwies. Die Wartezeit war kaum zum Aushalten. Der Boden war bretthart und es stank schlimm. Für jemand, der nicht wirklich still sitzen kann, war die Situation echt zum Durchdrehen.

Wenn ich über die einzelnen Stationen erzähle, sitze ich da und bin in Gedanken nochmal dort. Ich sehe es vor mir. An alles Mögliche erinnere ich mich und wieder durchlebe ich die Dinge. Wenn ich an die Flucht denke, weiß ich noch ganz genau, was es wo zu essen gegeben hat. An alles, egal was und wo. So was vergisst man nicht. Essen ist so wichtig.

Heute ist mein Leben so anders. Essen gibt es immer. Durst muss ich auch nicht mehr haben, und wenn ich friere, dann nur, weil ich mich zu dünn angezogen habe. Manchmal fahre ich in Frankfurt Bus und sehe aus dem

Fenster. Dann kommt mir alles so unwirklich vor. Wenn man bedenkt, woher ich komme, vielleicht auch kein Wunder. Ich sehe die modernen Hochhäuser und die breiten Straßen, all die Menschen, die sich frei bewegen können. Freiheit ist etwas ganz Wunderbares. Ich meine damit nicht nur, dass man nicht im Gefängnis sitzt, sondern dass alle so sein dürfen, wie sie sind. Alle, die das immer noch nicht verstanden haben, müssen endlich über ihren Scheiß nachdenken! Die Welt könnte so schön sein. RB hat mich mal gefragt, was aus uns würde, wenn niemand mehr den anderen verfolgen, sondern ihn unterstützen würde. Ach ja. Das können sich alle mal im Stillen für sich beantworten ...

Ich bin erst mal mit weniger zufrieden: Auch, dass selbst nachts keine Schüsse, keine Granateneinschläge oder Geschrei zu hören sind, ist für einen wie mich, wirklich unfassbar. Ich konnte anfangs nicht schlafen, weil es so leise war. Zwölf Jahre meines Lebens habe ich mir das gar nicht vorstellen können. Nachts fielen immer Schüsse. Das war normal. Die Ruhe hat mich anfangs ziemlich irritiert. Wenn es bei uns still wurde, ist meistens kurz danach etwas wirklich Schlimmes passiert. Die Ruhe vor dem Sturm, nennt man das hier. RB hatte zu vielen Situationen so einen Alt–Herren–Spruch. Ganz hilfreich.

Als ich noch in Afghanistan war, habe ich ab und an mit meinem Onkel aus Frankfurt geskypt. Der hat mir dann diese imponierenden Häuser gezeigt, aber niemals hätte ich es für möglich gehalten, irgendwann einmal hier zu sein und sie selbst sehen zu können. Und dann bin ich plötzlich unterwegs gewesen und konnte mich nicht mal von den Freunden verabschieden. Das allerdings war traurig.

Nach drei Tagen auf dem Hof im Stall also ging es weiter. Nachdem das Geld gelandet war, fuhren wir mit dem Mann, der uns Unterschlupf gewährte, zum Bahnhof. Die Stadt weiß ich nicht mehr. Hier hängen überall Schilder, aber das war dort, wo wir waren, anders.

Wir mussten eine Fahrkarte nach Istanbul kaufen und bestiegen erstmal einen Bus, immer mit der Angst im Nacken, kontrolliert zu werden und aufzufliegen. Was dann? Ein paar Tage Gefängnis vielleicht? Und dann würde man uns in den Iran zurückschicken. (Dorthin, wo vor den Parks Schilder aufgestellt waren: »Nicht für Hunde und Afghanen.«) Das war wirklich so. Ich mache also keinen Witz. Und tatsächlich kam es dann dazu, dass wir aufgefordert wurden, unsere Papiere zu zeigen. Alle Männer wurden gezwungen auszusteigen und ich spürte, wie mein Herz wieder mal einen Zahn zulegte, und ich anfing zu schwitzen. Die Dokumente waren nicht echt, wurden aber nicht weiter beachtet, weil man kein Interesse an uns als Flüchtlingen hatte. Die Schlepper jedoch taten gut daran, ihnen nicht ins Netz zu gehen, denn auf die hatte man es wirklich abgesehen. Deshalb hatten wir auch nie so ganz direkt Kontakt zu ihnen. Alles war geheim und beiläufig. Das kann man sich ja vorstellen. Es wäre ja keinem damit gedient gewesen, wenn sie unseren Kontaktmann gekriegt und umgebracht hätten.

Was für eine Erleichterung, als wir wieder einsteigen durften. Man denkt ja erst mal sonst was und wenn man dann einfach weiterfahren darf, ist das schon mit einem tiefen Aufatmen verbunden. Jetzt nur keine all zu große Freude zeigen, auch dadurch hätten wir uns verdächtig gemacht. Nicht, dass sie es sich zu guter Letzt doch noch anders überlegten. Ich beruhigte mich ganz allmählich und genoss in den Zwischenzeiten immer wieder auch, dass nichts weiter passierte. Durch das Busfenster sah ich dann irgendwann das erste Mädchen ohne Schleier und ohne Kopftuch.

Oha! Was war das? Ich starrte hinaus und sie an. Hier stimmte was nicht. Nur was, konnte ich nicht richtig beschreiben. Das war, wie eine Offenbarung: Mädchen, die sich wie Jungen zeigten, gab es bei uns nicht. Sagen wir mal: Ich betrachtete sie mit größerem Interesse. So was kannte ich nicht. In Baghlan hätte man eine Frau, die so herumlief, sofort zur Rechenschaft gezogen, sie beschimpft, angespuckt und mit Steinen beworfen. Man hätte mit einem Stock auf sie eingeschlagen, wenn nicht gar schlimmere Dinge getan. Warum sagte hier keiner was? Niemand starrte sie an, mich und die anderen Männer einmal ausgenommen, denn ich kam aus dem Staunen gar nicht mehr raus. Es war ein bisschen so, als wäre ich einem Wesen aus einer fernen Welt begegnet und wenn man so will, war es so ja auch. Ein Wesen aus einer anderen Welt! Ein Alien.

Dabei wäre es verständlich gewesen, wenn wir angestarrt worden wären, so dreckig wie wir waren. Wir sahen völlig heruntergekommen aus und stanken wie die Pest. Wenn man sich höchstens mal flüchtig in einem Wasserloch waschen kann und nicht mal Seife hat, stinkt man eben – so bedauerlich das ist. Man ließ uns spüren, dass wir ungewaschen waren.

In einem dieser luxuriösen Reisebusse, einen von der Sorte, die ich noch niemals zuvor gesehen hatte, in denen man sogar aufs Klo gehen konnte und es Essen und Trinken gab, vorausgesetzt, man besaß Geld, hatte man extra

Matten ausgelegt, damit wir nicht alles schmutzig machten. So, wie man es für Hunde tut. Hundematten für die Flüchtlinge – auch das war nicht schön.
Solche Busse gab es in Baghlan nicht. Nur Kutschen oder alte Laster. Wenn wir auf die Kutschen gesprungen sind, um ungefragt mitzufahren, wurde nach uns getreten und gespuckt, damit wir wieder losließen. Man kann nicht sagen, dass sich die Menschen groß untereinander geholfen haben. Selbst mit der Peitsche wurde nach hinten zu den »blinden Passagieren« geschlagen. So wie wir es auch taten, wenn wir eine Kutsche gemietet hatten und einer unerlaubt aufgesprungen war. Man half sich eben nicht gegenseitig. Wer nicht zur Familie gehörte, der interessierte einen eben auch nicht, egal, was mit ihm war.

Viele Regeln sind mir erst hier bewusst geworden. Die Prinzipien in Deutschland sind anders. Das gilt sogar fürs Fußballspielen. Ich glaube, ich habe es noch nicht erzählt, aber sie haben mich endlich auch im Fußballclub angemeldet. RB hat bis zum Schluss dagegen geredet und hat ein Schreckensszenario nach dem anderen entwickelt.

»Wenn einer nur noch Haut über den Rippen hat, reicht ein Schuss und das war's!«, hat er behauptet, aber ich habe ja schon gesagt, dass er gerne übertreibt und meine Ärztin in der Uniklinik hat sich dann für mich eingesetzt und ihn schließlich mit Gegenargumenten schachmatt gesetzt. Ich habe dann in einem Verein gespielt und mich sehr darüber gefreut. Alle sind froh, gewesen, weil dann Ruhe im Haus herrschte und ich nicht die Kleinen ständig ärgern konnte. Ich musste allerdings weiter mein Kompressionshemd anziehen, als Ersatzhaut gewissermaßen.

Aber, was ich eigentlich erzählen wollte, ist, dass die Regeln so anders sind. In Baghlan hatte der das Sagen, der einen Ball besaß. Der suchte auch aus, wer mitspielen durfte. Wer nicht in eine Mannschaft gewählt wurde, war ein Verlierer, bevor er auch nur einen Schuss gemacht hatte. Gut, ich glaube, das ist hier auch nicht so viel anders, nur, dass es hier an jeder Ecke neue Bälle gibt. Bei uns war das schon was, wenn einer einen richtigen Lederball hatte. Wer das letzte Tor geschossen hatte, trug den Sieg davon, egal wie viele Tore zuvor gefallen waren. Das letzte Tor bestimmte über Sieg und Niederlage. Das war eine komische Regelung.
Eigentlich durfte ich auch zu Hause nicht Fußball spielen, wenn auch aus anderen Gründen. Ich kam oft genug völlig verdreckt heim und das wollte meine Mutter nicht. Sie war entsetzt, wenn sie mich gesehen hat, und verdrosch mich erstmal, aber ich fand immer einen Weg, erneut loszuziehen. Wir hatten einen geheimen Pfiff vereinbart. Wenn ich den gehört habe, gab es kein Halten mehr. Schläge hin, Prügel her. Man ist nicht als Junge auf die Welt gekommen, um daheim am Tisch hocken zu bleiben. Wir spielten oft stundenlang. So lange, bis einer nicht mehr konnte oder heimmusste.
Hier in Deutschland ist alles geregelt: Jeder Spieler hat seine feste Position, es gibt einen Linien– und einen Schiedsrichter, das Spiel ist unterteilt in zwei gleichlange Hälften und es gibt eine Abseitsregel. Alles hübsch geordnet. In Deutschland ist eh alles unglaublich geordnet und es gibt wahnsinnig viele Regeln.

Doch zurück zu unserer spektakulären Busfahrt: Die Flüchtlinge saßen nur in den letzten Reihen ganz hinten. Nur die Türken durften vorne sitzen. Das war etwas Besonderes und hat uns wieder einmal klargemacht, wer wir in ihren Augen gewesen sind. Wir fuhren zwei Tage und eine Nacht.

Ich erinnere mich noch, dass zwei Frauen einstiegen und sich uns gegenüber ziemlich arrogant aufgeführt haben.

»Die Flüchtlinge stinken«, hat eine von ihnen gesagt und Duftspray auf uns gesprüht. Man fühlt sich, als sei man weniger wert. So, wie ein Hund. Der Frau würde ich gerne nochmal begegnen und ihr erklären, dass wir ganz normale Menschen waren und sie unter den gleichen Bedingungen sicherlich nicht besser gerochen hätte. Ich lebe heute in ganz anderen Umständen, auch das würde ich ihr gerne sagen. Das Bewusstsein, dass man immer wieder klein gemacht worden ist, bleibt. Es war hart und fast habe ich mich selbst wertlos gefühlt. Wenn mich einer mies behandelt, verletzt mich das in meinem Stolz. Keiner sollte auf andere Menschen runtersehen. Wenn jemand schlecht über mich denkt, oder mich ungerecht beurteilt, kann ich gar nicht mehr antworten, so stumm macht mich das. Ich friere regelrecht ein. Vielleicht liegt das an solchen Erlebnissen. Wie einmal im Hilfeplangespräch.

Da hat meine Sozialarbeiterin wie wild auf mich eingeschimpft, weil sie irgendwas in den falschen Hals bekommen hat, und ich habe gar nichts mehr sagen können und mit den Tränen gekämpft. Zum Glück haben mich RB und die aus dem Heim unterstützt und nichts auf mich kommen lassen. Das hat die Sozialarbeiterin dann aber erst richtig aufgebracht. Sie hat RB gleich mit beschimpft und sich dabei ziemlich gehenlassen. Das war mir sehr peinlich. Es hat zwar einen ziemlichen Streit gegeben, aber egal, was andere über mich sagen, meine

Leute stehen zu mir. Wenn etwas ungerecht ist, dann verteidigen sie mich und wenn sich eine Sozialarbeiterin im Ton vergreift auch. Das ist ein wirklich gutes Gefühl.

Ich habe gelernt, mich vorsichtig zu wehren. Wenn ich im Schulbus fahre, begegne ich immer ein und derselben alten Frau. Sie spricht mit einer anderen, die neben ihr sitzt:

»Die gehen an unsere Mädchen und nehmen uns die Arbeit weg!«, flüstert sie, immer laut genug, dass ich es höre. Lange Zeit habe ich nichts gesagt, aber einmal bin ich zu ihr gegangen.

»Ich wäre vorsichtig an ihrer Stelle, vielleicht brauchen sie mich und die anderen Ausländer, damit morgen ihre Rente bezahlt werden kann«, habe ich gesagt. So was in der Art. Jetzt überlegt sie, was sie in meiner Gegenwart von sich gibt, hoffe ich jedenfalls.

Doch zurück: Istanbul – was für eine Stadt! Warm und grün, mit so vielen schönen Häusern und Brücken. Ich kam aus dem Staunen gar nicht mehr raus. Wir sind durch einen sehr langen Tunnel gefahren: auf der einen Seite Winter, auf der anderen plötzlich Frühling. Das war wie ein Wunder! Und dann habe ich das Meer gesehen! Fantastisch! Einfach völlig krass. Nach all der Kälte und den staubigen Wegen, auf denen wir gelaufen waren, hätte ich vor Glück heulen können. Es gab nichts Schöneres.

Wir bekamen einen neuen Schlepper, der uns erstmal mitgenommen hat. Wir alle mussten uns zusammen ein Zimmer teilen. Nicht besonders komfortabel, aber ich hatte Schlimmeres erlebt. Ich erinnere mich, dass wir zwei Wochen geblieben sind und in einem ganz normalen Haus unterkamen. Wieder mussten wir ganz leise sein, damit niemand uns entdecken und auffliegen lassen konnte. Über Tag verhielten wir uns still, so als wären wir gar nicht da.

Wieder hatten wir gefälschte Papiere, die besagten, dass wir aus Teheran kamen und nur zu Besuch waren. Wenn man als Afghane in der Türkei reisen will, muss man den Pass abgeben und bekommt stattdessen Reisepapiere, damit die Leute nicht heimlich untertauchten, sondern zurückkamen, um dann wieder in ihre Herkunftsländer zu fahren. Man wollte nicht, dass sich die Flüchtlinge festsetzten.

Aus einem der Fenster beobachtete ich die Jungen beim Fußballspielen. Ich hätte zu gerne mitgespielt. Was hätte ich darum gegeben, aber natürlich ging das nicht. Die Jungen hätten bestimmt erkannt, dass ich keiner von ihnen war. Sie hätten mich und damit uns alle verraten. Die Vorstellung, dass die Polizei uns zurück in den Iran geschickt hätte, war keine erfreuliche, denn da wären wir, aufgrund der gefälschten Papiere glatt ins Gefängnis gewandert und von da aus ganz sicher wieder zurück gebracht worden. Also wieder: Zurück auf Los! Nein danke.

Wenn es dunkel geworden war, schlich ich mich aus dem Haus. Nicht, um irgendwas Besonderes zu machen, sondern nur, um zum Hafen zu gehen. Dort habe ich auf der Hafenmauer gesessen. Für mich einer der wunderbarsten Orte, die ich bis dahin gesehen hatte. Ich sah in den Himmel, aß Körner und atmete die Luft, die nach Meer roch. Ich kann keinem erzählen, wie schön das war und was mir an diesen Abenden alles durch den Kopf gegangen ist. So frei habe ich mich selten gefühlt. Wirklich, eine tolle Zeit!

Einmal in meinem Leben möchte ich nochmal zurück nach Istanbul, um mich dort auf die Hafenmauer zu setzen. Ich werde wieder Körner essen und nichts weiter tun, als nachzudenken. Es gibt noch immer eine Menge, über das ich in aller Ruhe nachdenken will. Ganz in Stille, ohne dass mich jemand stört. Das wünsche ich mir, und ich glaube, die Hafenmauer in Istanbul wäre der perfekte Ort dafür.

An einem der Wochenendtage sind wir mit unserer Heimgruppe auf den Feldberg gefahren. Das war auch unglaublich. Es war ganz ruhig und nichts war zu hören – nur die Vögel. Auch da habe ich ein bisschen rumgesessen und nachgedacht. Es scheint Orte zu geben, die besonders für solche Sachen geeignet sind.

Die Zeit in Istanbul habe ich in wirklich guter Erinnerung. Ich habe alle Eindrücke in mich eingesaugt, kann man sagen. Ich konnte gar nicht genug davon bekommen.

Donnerstags war Bazar, hier sagt man: Markt. Das war so schön für mich. Wir kauften ein und fast hätte ich mich frei fühlen können, wenn nur die Polizei nicht gewesen wäre. Immer diese Angst, dass sie uns finden würden. In einer Moschee habe ich gebetet. Da habe ich mich sicher gefühlt und ich war sehr dankbar, bis hierher gekommen zu sein. Man hat schon viel erreicht, wenn man einen Ort wie die Hafenmauer von Istanbul kennengelernt hat.

Es gab viele Schiiten. So was erkennt man an der Kleidung und wir waren angezogen wie Sunniten. Im Grenzgebiet fielen wir deshalb nicht auf, weil hier viele von ihnen lebten. Unser Schlepper war auch einer und gab uns für Familienangehörige aus. Das funktionierte. Sunniten kommen zumeist aus dem Iran und genau das sollte die

Polizei denken. Wenn man im Iran geboren wird und afghanische Eltern hat, wird man niemals Iraner, aber man hat ein Bleiberecht. Das ist alles etwas kompliziert, aber sagen wir es mal so: Als Sunnit wurde man in der Türkei nicht als richtiger Flüchtling angesehen, obgleich auch das wieder verwirrend ist: Richtige und falsche Flüchtlinge gibt es ja auch nicht, aber vielleicht kann man trotzdem verstehen, was ich meine. Kurzum: Als Sunnit durchzugehen war gut und alles, was unsere eigentliche Herkunft verschleierte half uns, durchzukommen.

Dann bekamen wir wieder einen neuen Mittelsmann. Zu unserer Gruppe gehörten zwei Familien. Acht Personen, um es genau zu sagen, die auf zwei Autos, ziemlich unauffällige, verteilt wurden.

Um durch die Polizeikontrollen zu kommen, fuhren zwei Wagen mit iranischen Männern vorweg, die uns die ganze Fahrt über mit wichtigen Informationen versorgt haben. Spähwagen, sozusagen. Extra für die vielen Menschen, die aus ihren Ländern fliehen, hatte man in der Stadt Grenzstationen errichtet. Ob man einfach so weiterfahren konnte oder vorgeben musste, tanken, oder in die Moschee gehen zu wollen, gab der Schlepper vor. Die kannten sich am besten damit aus, was zu sagen war. Keine Ahnung, wie das alles zusammenhing, aber es funktionierte – wahrscheinlich ist auch hier Geld geflossen, aber das hatte uns nicht zu kümmern. Wir sagten nur, was uns zuvor gesagt worden ist und bekamen ein Handy ausgehändigt, um mit denen, die uns lotsten, in Verbindung bleiben zu können. Die Lotsen durften nicht mit uns direkt im Kontakt stehen. Das kannten wir ja schon. Um nicht erwischt zu werden, blieben sie immer auf Abstand. Sie sind da gewesen und auch wieder nicht. Wie

Schatten, die mal vor uns und mal hinter uns auftauchten. Wir sahen sie nicht, sie aber wussten genau, wo wir waren. Das war alles nicht ungefährlich für sie, denn auf Fluchthilfe stand im Iran die Todesstrafe – wenn es überhaupt ein Verfahren gab. Offiziell war es erlaubt, Fluchthelfern einfach in den Kopf zu schießen. Das muss man sich mal vorstellen. In Deutschland holt man die Gefährder sogar zurück ins Land, wenn rechtlich was nicht ganz sauber gelaufen ist, damit sie einen fairen Prozess bekommen können.

Was das Töten betrifft, hat sich der Iran nicht sehr von Afghanistan unterschieden. Getötet wurde schnell. Wie viel Gewalt geherrscht hat ... das ist doch aus heutiger Sicht ziemlich unvorstellbar.

Mir fallen immer aufs Neue schreckliche Dinge ein: Einmal zum Beispiel sollen sich eine Frau und ein Mann in der Moschee zu nah gekommen sein. Da hat man draußen ein tiefes Loch gegraben, die Frau rausgezerrt, sie gezwungen hineinzusteigen und sie dann eingegraben, so dass sie nicht mehr wegkonnte.

»Seht, was passiert, wenn man so etwas tut!«, haben die Taliban gerufen und jeder hat einen Stein geworfen. Das glaubt hier kaum einer. So was ist barbarisch. Und dann ist die Frau mit drei Schüssen in den Kopf getötet worden. Einfach so. Dem Mann ist nichts weiter passiert. Immer waren die Frauen die Schuldigen. Einen Menschen zu verfolgen, weil er liebt oder ihn gar zu töten, ist durch nichts auf der Welt zu rechtfertigen. Wenn man so viel vom Tod mitbekommen hat, haben die meisten den Schrecken davor verloren. Die Angst vorm Sterben, weicht der Gewissheit, dass es irgendwann sowieso geschehen wird. Jeder muss sterben. Viele von uns mussten dazu noch nicht mal alt werden. Ich habe nie groß darüber nachgedacht und auch keine Angst davor gehabt. Höchstens in Situationen in denen direkt auf uns geschossen wurde, war das Bewusstsein, wie schnell alles zu Ende sein kann, doch plötzlich sehr nah. Wie barbarisch es ist, zu töten und anderen die Freiheit zu nehmen, habe ich erst hier in Deutschland gelernt. Ich habe auch viel über solche Dinge mit RB und den anderen geredet und mich gewundert, dass sie allen Jugendlichen, die ins Betreute Wohnen kommen wollen, schon im Aufnahmegespräch sagen, dass von ihnen erwartet wird, jedem Menschen gegenüber Toleranz zu zeigen. Das Betreute Wohnen ist das, was nach dem Kinderheim kommt. Da will ich möglichst bald auch hin. Man wohnt schon allein, wird aber noch betreut. So was in der Art. Ob also jemand Männer oder Frauen liebt, weiß, schwarz oder sonst wie ist, darf keine Rolle spielen. Jeder, der hier wohnt oder arbeitet, muss das unterschreiben. Das waren ganz neue Gedanken für mich. Das ist die Freiheit, für die man dankbar sein muss, die mich aber ganz zu Anfang auch ziemlich irritiert hat. Wenn man ein so enges Weltbild hat, ist es gar nicht so leicht, sich an all das zu gewöhnen. Hier aber darf ich auch als Junge lange Haare tragen. Das ist schon toll. Das Einzige, was einem passieren kann, dass man auf die Schippe genommen wird. Mehr aber passiert nicht.

In den großen Städten in denen wir waren, Teheran zum Beispiel oder Istanbul, sind die Verhältnisse schon etwas anders als in Afghanistan und wir konnten durchatmen. Ich spürte sofort die Unterschiede. Dass abends die Menschen noch auf der Straße waren, beispielsweise. Bei uns war ab zwanzig Uhr Schluss. Alles war dunkel, kein Auto war zu hören, weil sich alle vor den Taliban versteckt haben. Wenn ich im Freien geschlafen habe, hörte ich die Schüsse und habe das Aufblitzen der Raketen gesehen. Das gehörte dazu. Ganz unwirklich kommt mir das heute vor, wenn ich aus meinem Fenster im Kinderheim sehe und höchstens die Nachbarn beim Einparken beobachten kann. Frieden ist so viel wert. Freiheit auch.

Wir stiegen schließlich in einen Bus um, der uns an einen Ort an der Küste bringen sollte. Ich weiß nicht, wie der heißt oder wo er liegt, nur noch, dass wir von dort aus nach Griechenland übersetzen sollten. So hieß es. Zwei Tage und eine Nacht habe ich gestanden, weil es keine Sitzplätze gab. Meine Beine haben gebrannt wie Feuer und Hunger hatte ich, so schrecklichen Hunger! Aber wir hatten kein Geld mehr. Gar keins, was auch daran lag, dass Parwana ziemlich viel unsinniges Zeug gekauft hatte: Lippenstift zum Beispiel. Kann man sich das vorstellen?

Lippenstifte kann man nicht essen. So ein Blödsinn! Ein paar Brötchen zu kaufen, wäre wirklich sinnvoller gewesen. Aber für eine Frau, die sich nicht frei bewegen durfte, war das vielleicht etwas anderes, wer weiß.

Mein Trick, mir die Kapuze über den Kopf zu ziehen, um nicht zusehen zu müssen, wie andere essen, hat diesmal nicht geklappt, so einen Hunger hatte ich und dann habe ich einen Landsmann entdeckt. Ich muss ihn wie ein Hund angesehen haben, denn er hatte tatsächlich Erbarmen mit mir und gab mir von seinem Essen ab. Ich hatte ja schon erzählt, dass man damit nicht unbedingt rechnen kann, weil jeder erstmal selbst sieht, wie er klarkommt. Das sind Momente, in denen man so richtig glücklich ist und unglaublich demütig. (Das Wort kannte ich damals noch nicht, aber ich glaube, es passt). Es gibt Menschen, die man nicht vergisst. Zum Beispiel, wenn sie einem was zu Essen abgegeben haben, als der Hunger am größten war. Vielleicht liest mein Landsmann durch Zufall dieses Buch und dann möchte ich, dass er weiß, wie dankbar ich ihm war und bis heute bin. Die wenigsten Leute in Deutschland wissen noch was Hunger ist, und das ist auch wieder so was, über das sich kaum einer Gedanken macht. Die Alten vielleicht, die den letzten Krieg noch nicht vergessen haben, die erinnern sich, was es bedeutet, wenn man an nichts anderes mehr als eine Scheibe Brot denken kann. Fast alle hier leben, verglichen mit dem Elend der Welt, wie Maden im Speck und könnten dankbar sein, aber, was man hat, bekommt man erst mit, wenn es nicht mehr da ist. In Deutschland wird ziemlich viel übers Essen gemeckert und ich muss ein bisschen aufpassen, dass ich mir das nicht auch angewöhne.

Unser Bus fuhr direkt in die Fähre. Fast hätten wir uns vorkommen können, wie ganz normale Touristen. Fast. Alle stiegen aus, um Kaffee zu trinken. Nur wir nicht. Wir blieben im Bus. Ohne Geld gab es für uns keinen Kaffee, geschweige denn, was zu essen. (Man merkt es vielleicht, aber ich konnte an kaum noch was anderes denken.) Ich hatte ständig Hunger.

Die Fähre sollte uns vom Festland auf eine kleine türkische Insel bringen. Auch deren Namen habe ich vergessen, bin mir aber auch nicht sicher, ob ich ihn je mitbekommen habe. Ich wusste nur: Der Bus würde uns dann über die Insel an die gegenüberliegende Küste bringen

und wir anschließend in einem Schlauchboot nach Griechenland übersetzen.
Morgens erreichten wir einen kleinen, wirklich schönen Urlaubsort. Keine Ahnung, welchen. Wir sind durch so viele Dörfer und Städte gekommen, dass ich mir Namen selten gemerkt habe. Die spielten ja auch kaum eine Rolle. Ich weiß nur noch, dass alles ziemlich ausgestorben war. Keine Urlaubszeit, kaum Touristen.
Die wenigen, die da waren, um sich zu erholen, haben uns angesehen, als würden wir alle ohne Köpfe rumlaufen. Da trafen aber auch zwei Welten aufeinander: Die einen ließen es sich so richtig gut gehen und verbrieten ihr Geld in Restaurants, in denen sie sich die Bäuche vollschlugen und die anderen ... Nun gut, lassen wir das. So war das eben.
Wir liefen mehrere Stunden im Pulk, sechzig Leute, vielleicht auch mehr, bis zum Treffpunkt und alle starrten uns also an, weil jeder auf hundert Meter erkannte, dass wir Flüchtlinge waren, aber niemand hielt uns an oder kontrollierte uns. Alle wussten, dass wir nicht bleiben würden, sondern übers Meer wollten.
Dort, wo wir landeten, war von Urlaubsparadies nichts mehr zu spüren. Eine ganze Kolonie von Häusern, zerfallen, ohne irgendeinen Komfort. Keine Betten, nur der blanke Boden.
Unser Schlepper: Wie vom Erdboden verschwunden! Keine Antwort. Nichts. War es das jetzt?
Alle Flüchtlinge, die vor uns angekommen waren, hausten in den verfallenen Urlaubshütten und machten den Eindruck, schon länger dort zu sein. Auch wir mussten irgendeine Behausung finden, in der wir unterkommen konnten. Wir haben alle gefragt, wie lange sie schon da

waren, warum sie nicht übersetzten und als ich hörte, dass sie seit Wochen warteten, verlor ich das erste Mal die Fassung und heulte, so verzweifelt war ich. Was sollte ich hier? Dafür flieht man doch nicht! Um in dem trostlosesten Ort, den man sich vorstellen kann, zu landen? Was sollten wir hier tun? Ich wollte los. Scheiß auf die Wellen! Wochenlang warten – das ging nicht. Und doch wusste ich, dass uns gar nichts anderes übrigblieb.
Auf der Suche nach einem Dach über den Kopf, sind wir schließlich auch noch einem Kurden zu nah gekommen, der direkt vor mir in die Luft geschossen hat. Reviermarkierung.

»Hier ist kein Platz für euch! Seht gefälligst zu, dass ihr weiterkommt!« So was in der Art hat er gerufen. Solchen Typen ging man besser aus dem Weg. Gut, er hätte es erklären können, aber er ballerte lieber gleich ein bisschen rum und wir wussten, die nächsten Schüsse würde er in unsere Richtung abgeben. Also hielten wir Abstand.
Warten. Tagelang, mehr als eine Woche. Die Halle, in die wir uns verkrochen, ohne Scheiben, das Dach, abgedeckt, hatte man gebraucht, um Feuer zu machen. Möbel gab es keine. Wenn es mal welche gegeben hatte, waren die längst auch in den Flammen gelandet. Nachts wurde es nämlich erbärmlich kalt und eine richtige Erkältung konnte niemand gebrauchen. Mit einem Pappkarton hatte jemand immerhin die Löcher in der Wand halbwegs verschlossen.
Die Türken, die dort lebten, wussten, dass wir Flüchtlinge waren und haben Essen gespendet: Apfelmus. Brot. Thunfisch direkt aus der Dose. Joghurt. Immer wieder habe ich versucht, in der Schlange, in der ich anstand, noch mehr zu ergattern. Ich wechselte den Pullover, da-

mit sie mich nicht erkannten, um noch eine Ration zu kriegen. Manchmal hat das geklappt. Bis heute kann ich nichts mehr davon runterkriegen, obwohl es uns damals das Leben gerettet hat, und ich den Leuten sehr dankbar bin. Zu viel Thunfisch und Joghurt. Besonders schlimm in der Kombination mit Apfelmus.
Wenn ich mitbekomme, wie unmöglich hier oftmals mit Nahrungsmitteln umgegangen wird, kann ich das nicht gut ertragen. »Das Essen ist ekelhaft«, sagen manche der Kinder im Heim, wenn es ihnen nicht schmeckt. Das geht nicht. Es gibt kein ekelhaftes Essen. Nicht, wenn jemand es gerade eben für einen gekocht hat. Ich wünsche niemand etwas Schlechtes, aber denen, die so undankbar sind, würde es helfen, mal richtig zu hungern, damit ihnen klar wird, wie kostbar Brot ist. Brot, das auf der Straße liegt, hebe ich auf und lege es für die Vögel an den Rand. Brot muss man achten und niemals will ich diese Achtsamkeit wieder verlieren. Heute bedanke ich mich bei Gott, auch, wenn ich selbstkritisch sagen muss: In Afghanistan, als ich noch nicht wusste, was einem alles passieren kann, war ich auch nicht immer dankbar.
Erfahrungen machen was aus deinem Leben.
Und die Erinnerung sollte man wachhalten, damit die Dankbarkeit bleibt.

Es folgte die Woche, in der ich so gut wie nicht geschlafen habe. Es war kalt, der Boden hart und die Angst überall. Ab irgendeinem Punkt kann man nicht mehr zur Ruhe kommen, zittert nur noch. Man verliert immer mehr den Halt, nichts mehr zu haben, macht unglaublich leer. Woher soll man die Kraft nehmen, wenn man kein Licht mehr sieht?

Das Meer wollte sich nicht beruhigen. Zum Übersetzen konnten wir kein Meer gebrauchen, dass wild und unberechenbar war. »Allah mach, dass die Wellen weggehen!«, betete ich und jede Nacht, die ich auf dem harten Boden verbrachte, verlor ich mehr an Kraft. Die Kälte hat mich regelrecht einfrieren lassen. Jede Bewegung tat weh. Ich glaube, manchmal lief ich wie ein alter Mann.
Die Schlepper waren nicht zu erreichen, und als ich schon fast glaubte, dass wir am Ende waren, kam der Abend, als wir unverhofft Schlafdecken ergatterten und uns das erste Mal seit langer Zeit zudecken konnten. Schlafdecken! Auch die sind etwas ganz Besonderes.
Nachts um drei war das Glück aber bereits zu Ende, denn es sollte losgehen. Nachts will man erstmal nicht aufstehen und muss viel Kraft zusammenraffen, um die Decke, die einen gewärmt hat, zurückzulassen und im Stockfinsteren in ein Schlauchboot zu klettern. Zum Glück wusste ich nicht, was uns erwarten würde, denn sonst hätte ich niemals den Mut aufbringen können, einzusteigen. Wir waren bereits beim Einsteigen komplett nass. Es gab ja keinen Steg oder so was, sondern man stürmte durch die Brandung und versuchte irgendwie reinzukommen. Alle schrien. Ich höre das immer noch und werde nie vergessen, wie einige Jungs hinter uns her schwammen und die Männer aus unserem Boot mit Stöcken auf sie einschlugen, um sie daran zu hindern, zu uns hinein zu klettern. Das sind wirklich ganz grauenhafte Situationen. Wenn zu viele Menschen reingeklettert wären, hätte niemand von uns eine Chance gehabt, weil das Boot gesunken und wir alle ertrunken wären. Aber so was ist trotzdem unglaublich brutal. Das Boot durfte nicht mehr als zwanzig Personen aufnehmen. Wir aber

waren achtzig! Es war also nicht verwunderlich, dass wir so schwer waren und nicht wegkamen. Die Strömung war viel zu stark und wir wurden mit jeder Welle zurückgetrieben.

Wir hatten Todesangst. Das sagt sich so leicht: Ich habe mich zu Tode erschreckt, oder so was in der Art, sagt man ja schnell mal, aber wir schrien nur noch, weil immer mehr Wasser reinschwappte und das Boot mehr und mehr vollgelaufen ist. Kaum jemand von uns konnte schwimmen und als wir plötzlich wieder mit dem Grund Berührung hatten, haben viele die Gelegenheit ergriffen und in panischer Angst das Boot verlassen. Wir aber sind geblieben.

Entweder wir sterben heute Nacht oder Allah will, dass wir leben und hilft uns, haben wir uns gesagt. Als ich über diese schlimmste Nacht in meinem Leben bei RB erzählt habe, konnte ich erst mal keine Worte finden. Man fühlte sich rettungslos verloren und klammerte sich irgendwo fest. Nachts ist der Seegang eigentlich zu hoch. Wir aber konnten tagsüber nicht übersetzen, weil man uns sofort gesehen hätte. Dreißig Leute, darunter auch ganz kleine Kinder und das Meer lief unaufhaltsam ins Boot. Die Wellen schlugen über uns zusammen, das Salz brannte uns in den Augen und was ich niemals wieder vergessen werde: Wir alle schrien. Das passiert in solchen Situationen ganz automatisch. Niemand konnte das noch steuern. Viele von uns haben sich fortwährend übergeben. Salzwasser auf nüchternem Magen, ein Boot, das aufstieg, für einen kurzen Moment oben auf der Welle festgehalten wurde und dann in ein tiefes Wassertal stürzte, waren zu viel. Die Aufregung war einfach zu groß. Wir schrien und kotzten. Es hört sich nicht schön an, es

so direkt zu sagen, aber es bringt die Sache auf den Punkt. Es war einfach zu viel.
Wir versuchten, mit dem, was wir bei uns hatten, das Wasser nach draußen zu kriegen. Ich hab meine Jacke benutzt, das gefräßige Meer im Boot aufzusaugen und sie einem zum Auswringen weitergereicht. Und was hat der Dummkopf getan? Er hat sie kurzerhand panisch ins Meer geworfen. Das muss man sich mal vorstellen. So schnell also kann man wichtige Dinge verlieren! Zu ändern war daran aber nichts mehr. Also würde es ab da ohne Jacke gehen müssen. Welche Chancen hat man mitten in der Nacht, in einem tosenden Meer? Wir rechneten jeden Moment damit, dass das Boot umgeworfen wurde. Wir konnten kaum atmen. Überall Salzwasser. Wir krallten uns aneinander fest. Kälte spürt man nicht, in einer solchen Situation. Das zum Trost. Wir beteten die ganze Zeit. Beten ist das falsche Wort: Wir alle haben regelrecht nach Allah geschrien. Ertrinken muss ein schrecklicher Tod sein. Ich fühlte mich wie eine ersaufende Ratte. Das Boot wurde immer schwerer, lief unaufhaltsam weiter voll und wir waren zudem vollkommen entkräftet. Ein Kampf ohne reelle Aussicht auf Erfolg.
Der Schlepper ist natürlich nicht mitgefahren. Er übertrug einem der jungen Männer die Steuerung des Bootes. Irgendeinem. Er deutete mit dem Finger auf ihn und übertrug ihm die Verantwortung. Egal, ob der jemals in einem Boot gesessen hatte. Hauptsache, sie waren die Verpflichtung los. Die rettenden Lichter der griechischen Insel hat man zwar gesehen, das aber war dann auch schon der einzige Anhaltspunkt.

»Da musst du hin!«, haben sie nur gesagt.

Als ob das so einfach gewesen wäre. Ein Boot zu steu-

ern, das wie eine Nussschale im Meer herumschaukelt, ist verdammt schwer.
Eineinhalb Stunden können lang sein. Eineinhalb Stunden Lebensgefahr in Todesangst sind verdammt lang. Kaum zum Aushalten lang. Wenn das Boot die Richtung verliert, verliert man alles. Das haben wir gewusst. Wenn der Motor ausfällt, oder vom Boot ins Meer rutscht, bist du so gut wie tot, weil dich die Strömung dann sonst wohin treibt. Noch waren wir auf Kurs, aber eine der großen Wellen reichte, und wir verloren für Augenblicke die Orientierung. Das waren schreckliche Momente, weil wir nicht wussten, ob wir es schaffen würden.
Dann sahen wir wieder die Lichter der Küste, die kaum näher zu kommen schienen.
Diese Überfahrt, war die bislang schwierigste Etappe. Eine, die uns alles abverlangt hat. Wir waren völlig entkräftet, als wir tatsächlich das andere Ufer erreicht haben. Weinend sind wir zusammengebrochen und gefroren haben wir. »Danke Allah! Danke.« Viele von uns haben den Boden gcküsst. Die Erde Griechenlands!

Lesbos

Die Insel der Rettung. Keine Ahnung, ob es wirklich Lesbos gewesen ist. Ich habe später gehört, dass viele hier gestrandet waren. Lesbos? Oder Mykonos. Egal! Es spielte für mich kaum eine Rolle, weil ich keine der griechischen Inseln kannte. Hauptsache Griechenland. Eine Etappe weiter und wir haben, wie gesagt, als Erstes gebetet. Wenn man so etwas schafft, dankt man Gott. Was anderes ist mir zunächst einmal gar nicht eingefallen. Beten. Aus lauter Dankbarkeit auf die Knie fallen. Wahrscheinlich ist das für uns in diesem Moment auch das Wichtigste gewesen. Dankbarkeit zu zeigen, weil man etwas überlebt hat, das für so viele den Tod bedeutet hat, ist gut. Später haben sie in den Zeitungen über die ertrunkenen Flüchtlinge geschrieben.

Jeder einzelne Mensch, der auf der Flucht ums Leben gekommen ist, hinterlässt eine eigene Geschichte. Eine die ein unsagbar trauriges Ende gefunden und die niemand aufgeschrieben hat.

Wir hatten Glück. Unbeschreibliches Glück.

In dem Moment, in dem wir wieder festen Boden unter den Füßen hatten, brach in uns jede Kraftreserve zusammen. Wir waren am Ende. Im Sand zu knien war das, was wir noch konnten. Das Aufstehen war schon etwas, das kaum noch ging. Männer vom Roten Kreuz sind aufgetaucht, haben uns in Empfang genommen und uns in Alufolien eingewickelt, weil wir klatschnass waren. Da kamen richtige Glücksgefühle auf. Das hat wahnsinnig gutgetan. Versorgt zu werden, wenn man nicht mehr kann, ist ein Segen.

Meine Hose habe ich zurückgelassen. Die würde niemals wieder trocken werden und nur zusätzlicher Ballast sein. Nun hatte ich nur noch eine dünne Leggings an. Das

war wirklich ziemlich dumm. Als junger Mann trägt man keine derartig enge Hose. Das war unglaublich peinlich und ich habe mich wie ein Mädchen gefühlt und mich fast zu Tode geschämt. Vorsichtshalber bin ich später im Schlafsack geblieben, damit mich niemand gesehen hat.
Wenn ich heute erzähle, dass die Überfahrt nur eineinhalb Stunden gedauert hat, erscheint das wahrscheinlich gar nicht so lang, aber eineinhalb Stunden Todesangst sind etwas anderes als vor dem Fernseher zu sitzen und irgendeinen Quatsch zu sehen. Todesangst lässt die Zeit lang werden. Zehnmal so lang, würde ich sagen.
Der bislang gefährlichste Teil war geschafft und gleichzeitig aber tauchte sofort die Frage auf, die uns immer wieder voran peitschte: Wie geht es nun weiter?
Der Bus, den wir bestiegen, war vom Roten Kreuz. Der Fahrer verlangte trotzdem Geld: fünf Euro pro Nase. Darüber kann man denken, was man will. Es war sicherlich nicht in Ordnung, aber wir haben nicht groß Fragen gestellt, wollten nur noch dahin, wo es wärmer war.
Viele haben versucht, ihren Nutzen aus der Situation der Flüchtlinge zu ziehen. Man wusste ja, wie ausgeliefert und abhängig wir waren.
Es war immer noch Nacht, als wir unser Camp erreichten. Gruppe B, Armband grün. Zum Schlafen gingen wir, wie all die vielen anderen Familien in die Kirche und dann bekam jeder einen Schlafsack! In einen Schlafsack kriechen zu können ist etwas ganz Besonderes, wenn man nächtelang gefroren hat. Geradezu himmlisch. Und, als wollten sie mein Glück noch abrunden, gaben sie mir eine neue Hose. Die habe ich heute noch. Endlich kein Balletttänzer mehr!
Ein Papier für einen Monat Aufenthalt, sollten wir be-

kommen und so liefen wir, hunderte von Flüchtlingen, ein Riesenstrom geschwächter Menschen, auf einem Gehweg, vorbei an all den Griechen, die auf der Insel zu Hause waren und die uns ansahen, als seien wir Außerirdische. Bisweilen amüsierten sie sich sogar über uns. Wirklich nicht nett, aber wir gaben wahrscheinlich ein ziemlich kurioses Bild ab. Was mir aufgefallen ist: Es gab keine jungen Leute. Was hatten sie mit denen angestellt? Wo waren die? Von ihnen habe ich nicht einen gesehen. Das war schon gespenstisch. Ein Ort, bestehend nur aus alten Menschen.
Schließlich kamen wir an. Das merkte man daran, dass es plötzlich nicht mehr weiterging, alles irgendwie ins Stocken geriet und etwas Neues geschah. Hier also war die nächste Station. Vorher weiß man das ja nicht. Man läuft den anderen hinterher und dann bekommt man mit einem Mal mit, dass man da ist. Man benimmt sich wie ein Herdentier, tut einfach, was die tun, die vor einem herlaufen.
In einem großen Gebäude, einer Fabrik würde ich sagen, mussten wir die folgende Nacht verbringen. Hätte es Türen gegeben, wären sie riesig gewesen. Man sah die Ausschnitte in den Wänden, aber die Türen fehlten. Kein Hotel mit vier Sternen, aber glücklicherweise wussten wir ja, dass es auch noch schlimmer ging und mit einen Schlafsack kann einem schon gar nicht mehr viel passieren. Das machte die Angelegenheit erträglicher und je erschöpfter man ist, desto genügsamer wird man, was den Schlafplatz betrifft.

Morgens wurden von den Erwachsenen die Fingerabdrücke genommen. Meine brauchten sie nicht. Ich war noch zu jung. Wollte ich nicht, dass sie mich in Griechenland behielten, musste ich mich als Sohn von Parwana ausgeben, hatte aber nicht ganz genau kapiert, was sie versucht haben, mir zu erklären. Das war gar nicht so leicht, die Situation zu durchschauen. Immerhin habe ich ja eine Mutter, auch, wenn die nicht da war, und so hätte ich mich fast um Kopf und Kragen geredet. Aber zum Glück hat mich der Beamte nicht verstanden. (RB behauptet, man würde mich auch heute nicht wirklich verstehen und könnte nur erahnen, was ich sagen will, weil ich mich angeblich gar nicht bemühe, deutlich zu sprechen). Damals war das gar nicht so schlecht, denn der Mann, sah mich skeptisch an, zog die Schultern hoch und verschwand erstmal, einen Dolmetscher zu holen. In der Zwischenzeit haben sie auf mich eingeredet, damit ich keinen Unsinn mehr von mir geben würde.

Schließlich hatte ich begriffen. Ja, ich war der Sohn von Parwana! Und selbstverständlich war ich Afghane! Das war wichtig. Alle haben sich als Afghanen ausgegeben – auch die Iraner. Iran galt als sicher. Sie wären also wieder zurückgeschickt worden. Das war schon was: Einmal musste man verbergen, woher man kam, einmal nicht. Die, die dich in ihrem Heimatland hassen wie die Pest, geben unter anderen Umständen vor, einer von deinen Landsleuten zu sein.

Die Männer, die uns die Papiere ausstellen sollten, wussten das und so waren wir alle erstmal verdächtig, und sie stellten uns ein paar Fragen zu Afghanistan. Welche Währung? Hauptstadt? Autokennzeichen? Und dann ließen sie mich etwas in meiner Sprache sagen, was ich natürlich sehr überzeugend konnte und schließlich waren sie zufrieden und haben mich durchgewinkt.

Ein Problem gab es: Das Geld wurde knapp und wir konnten uns keins schicken lassen, weil wir kein Konto hatten und kein Mittelsmann zur Verfügung stand, der seins hätte anbieten können.
Hätte Parwana nicht derart viel überflüssigen Mist gekauft, wäre noch was da gewesen. Und wofür hat sie das gemacht? Dafür, dass sie das ganze unnütze Zeug ins Meer kippen musste, weil das Boot überladen war.
Im Camp durften wir nicht bleiben, bekamen aber noch was zu essen – Linsensuppe. Danach mussten wir dann wieder los.
Im Hafen warteten riesige Urlaubsfähren, die uns aufs Festland bringen würden. Mit einer von ihnen wollten auch wir fahren. Blieb das Problem, dass das Geld nicht reichte. Uns haben dreißig Euro gefehlt. Kinder unter zwölf mussten weniger bezahlen. Ich war so klein, dass ich als Elfjähriger durchging.
Trotzdem gab es Probleme: Eine Fahrkarte war verloren gegangen. Ein Unglück kommt selten allein. Der Bekannte von Parwana, hat sie vergebens gesucht. Ohne Fahrkarte, keine Überfahrt. Sie wiesen uns ab. Die Kinder aber haben geweint – herzergreifend und haben so lange den Beamten angefleht, ihn reinzulassen, dass der ganz weiche Knie bekam und uns schließlich zwar keine Fahrkarte verkaufte, aber, nachdem er sich unsicher umgesehen hatte, ob wir beobachtet wurden, unsere letzten dreißig Euro einsteckte und uns durchwinkte. Sicherlich war das keine ganz saubere Angelegenheit, aber wieder mal eine Win–win–Situation, die wir unter den gegebenen Voraussetzungen auch erst gar nicht groß in Frage gestellt haben. Es war zwei Uhr nachts. Da stellt man ohnehin nicht mehr viel infrage.

Man kann sich gar nicht vorstellen, wie man stinkt, wenn man über Wochen die gleichen Sachen trägt, sich nicht gescheit waschen kann und ständig durch irgendwelche Kloaken schwimmen muss. Auch das Meerwasser riecht, sobald es trocknet, eher gewöhnungsbedürftig. So nach Algen Fisch und Abfällen, nicht gut also. Um es einmal auf den Punkt zu bringen: Die Flüchtlinge stanken! Und zwar bestialisch. Deshalb wurden wir getrennt von den übrigen Reisenden, meist Griechen, durch die Parkdecks geschleust. Die Gutriechenden nach oben, wir nach unten.

Und da blieben wir auch. Das unterste Deck, war unser Bereich. Dabei hatte ich noch nie ein so ein riesiges Schiff gesehen. Eigentlich hatte ich noch nie eins gesehen. In der Türkei höchstens, die großen Kähne, die aber auch nur ganz aus der Ferne. Wenn man nicht zufällig am Hafen wohnt, sieht man ja auch keine Schiffe. Ich kam aus dem Staunen gar nicht mehr raus und nichts hätte ich lieber getan, als zu einer Erkundungstour aufzubrechen, durfte ich aber nicht. Ich musste mit allen zusammen auf dem Deck bleiben.

Wie gerne wäre auch ich zu einem der Bordrestaurants oder Imbissstände gegangen und hätte mir was zu essen gekauft, aber, wie gesagt, wir waren pleite und diesmal gab mir keiner etwas ab. Den letzten Teller Suppe hatte ich vor achtundvierzig Stunden gegessen. Das waren viele ausgefallene Mahlzeiten. Wie also sollte ich einen solchen Hunger aushalten? Ich hatte oft Hunger. Einmal so sehr, dass ich Rasen gegessen habe. Wenn nichts anderes da ist, ist einem selbst das recht. Und gegen den Durst habe ich mal Meerwasser getrunken, was aber keine gute Idee war, weil ich fast gekotzt habe.

Ein trockenes Brötchen wird unter diesen Umständen glatt zu einer Delikatesse.
Der Blick aufs riesige Meer war beeindruckend – überall nur Wasser! Dasselbe Wasser, das Menschen umbringen konnte, das uns selbst fast hinuntergezogen hatte und mir nun so friedlich schien. Mit RB habe ich darüber geredet, dass sich die Urlauber an den Stränden sonnen, an denen immer wieder Tote angespült werden. Da treffen wieder mal die unterschiedlichsten Welten aufeinander. Natürlich bleibt deshalb kaum einer zu Hause, doch eigenartig ist das schon. Aber über so was habe ich erst später nachgedacht. Erst mal konnte ich schon bald an nichts anderes mehr denken, als daran, dass ich Hunger hatte. Das ist verrückt. Man kann derart Hunger haben, dass man für ein Stück Brot freiwillig sterben würde. (Das muss man jetzt nicht ganz so wörtlich nehmen, weil es wäre ja nicht hilfreich, zu sterben für ein Stück Brot. Dann bräuchte man ja auch keins mehr essen.) Ich hatte das Gefühl, dass mein Magen sich bereits selbst verdaute. Alle haben vor meinen Augen gegessen! Das war nicht zum Aushalten. Schließlich habe ich mich totgestellt und mir den Schlafsack ganz übers Gesicht gezogen, damit ich nicht mehr sehen konnte, wie andere irgendwelche Dinge in sich reinstopften. Es ist mir gelungen, für ein paar Minuten an was anderes zu denken, oder zumindest, mich für einen Moment abzulenken, dann aber ist er wieder da gewesen, der Hunger und ich hatte keine Chance.

Athen

Im Morgengrauen beobachtete ich, wie das Schiff festgemacht wurde. Spannend!

Ich habe mich damals wirklich gefragt, warum ein so schwerer Kahn im Meer nicht untergeht wie ein Stein. Heute weiß ich aus dem Physikunterricht warum nicht, und dass das was mit Kräften und Auftrieb zu tun hat, aber richtig erklären kann ich das immer noch nicht.

In Athen hat der Boss aller Schlepper gewohnt. Den kannten wir aus Afghanistan und haben ihn angerufen. Er ließ uns in die U–Bahn einsteigen, hat die Haltestelle durchgegeben und meine Angst war, dass wir erwischt werden, denn wir hatten kein Geld und fuhren ohne Fahrschein. Eine Aufregung jagte die andere. Um die Tageszeit gebe es so gut wie nie Kontrollen, hieß es und so war es dann auch, obgleich man nicht sagen kann, dass es eine entspannte Fahrt war.

Dann hat er uns in Empfang genommen und, was das Beste war: Man hat uns bekocht! Endlich Essen! Ich habe mich bemüht, langsam zu essen, aber es ging nicht. Ich habe in rasanter Geschwindigkeit alles in mich reingestopft, was ich kriegen konnte. Und danach haben wir geschlafen. Das fühlte sich verdammt gut an. Wirklich gut. Es breitet sich ein großer innerer Frieden aus, wenn man ins Bett gehen kann, ohne Hunger zu haben. Satt einzuschlafen ist was ganz Wunderbares. Man schläft wie ein Stein und nichts kann einem was anhaben. Von RB habe ich gelernt, dass man das Glückseligkeit nennt.

Zwei Tage blieben wir bei diesem Mann. Meine Eltern mussten erst mal wieder Geld überweisen und als das da war, hat er uns einen Teil davon gegeben. Geld! Auch was Wichtiges. Was war das für ein grandioses Gefühl durch die Stadt zu ziehen und was kaufen zu können. Athen

mit all seinen Läden! Ich durfte mir Jacke und Hose aussuchen und eine Bauchtasche. Die fand ich so cool! Wie ein stolzer König habe ich die getragen.
Wir gingen ganz gesittet shoppen – wie echte Touristen. Man sucht sich was aus, lächelt den Verkäufer an, der lächelt zurück. Man bezahlt und hat was Neues, über das man sich freuen kann. Vielleicht ist das jetzt komisch, dass ich das so direkt erwähne, weil es ja den meisten klar sein dürfte. Dass ich es tue, hat damit zu tun, dass so was bei uns doch sehr anderes geregelt war: Wenn man etwas brauchte, ging man in den Laden im Nachbardorf, zog sein Messer und nahm es sich – fertig.
Immer wieder habe ich hier in Deutschland Erlebnisse, die mich veranlassen, darüber nachzudenken, wie die Dinge bei uns so gelaufen sind. Und oftmals muss ich dann den Kopf schütteln, so absurd kommt mir heute vieles vor.
Neu eingekleidet, mit Bauchtasche und ziemlich frohgelaunt war ich, als es weiterging.
Er brachte uns zum Bus, unser letzter Schlepper. Ab da konnten wir ohne Hilfe reisen, waren aber auch auf uns alleine gestellt. Was Freiheit bedeutet, erkennt man erst in Situationen wie diesen. Auf einmal mussten wir uns nicht länger verstecken. Wenn man so daran gewöhnt ist, sich klein und möglichst unsichtbar zu machen, wenn man ständig Angst hat, einen über den Kopf zu kriegen, oder in ein Bus verfrachtet und zurückgeschickt zu werden, kommt es einem ganz komisch vor, wenn man nicht mehr gejagt wird. Ich war ja immer auf der Hut: Vor der Polizei, den Taliban, den Männern, für die wir als Mädchen tanzen sollten, irgendwem, der eine Rechnung mit mir offen hatte oder vor einem der vielen, die gar keinen

Grund hatten, aber dennoch bedrohlich waren. Und nun hieß es: Die Grenzen sind offen, ihr könnt euch frei bewegen.
Wir brauchten nicht mal länger einen Mittelsmann, der uns durch dunkle Schleichwege an den Grenzposten vorbei schmuggelte, sondern wir stiegen einfach in einen Bus und fertig. Das muss man sich mal vorstellen: Man kauft sich ein Ticket und wählt, wohin man fährt. Ohne sich zu überlegen, ob es dort gefährlich ist, ohne sich vorher umzusehen, ob irgend eine finstere Gestalt darauf lauert, zustechen zu können. Ich kannte das nicht und entsprechend skeptisch war ich erstmal. Mazedonien, unsere nächste Station – Abfahrt um Mitternacht. Bis zum folgenden Tag vier Uhr nachmittags sollten wir fahren. Das ist schon eine ziemlich lange Zeit, aber wir hatten ja immer ein Ziel vor Augen und deshalb habe ich diese Fahrten nicht großartig infrage gestellt. Sie gehörten dazu und brachten uns weiter und wir sie, mit jedem gefahrenen Kilometer, einfach hinter uns.
Alle kamen hier zusammen: Araber, Afghanen und Iraner. Der Busfahrer war Grieche.
Es hätte eine ruhige Nacht werden können. Flüchtlinge, die bis hierher gekommen waren, hatten bereits einen ganz schönen Weg zurückgelegt. Wir hätten friedlich nebeneinandersitzen sollen. Die Gefahr, die uns bis hierhin begleitet hatte, war abgefallen. Es hätten erholsame Stunden werden können, wenn – ich sage es nicht gerne – die Afghanen nicht gewesen wären. Die haben wieder mal gezeigt, was in ihnen steckt und keine Ruhe gegeben. Es gab ein Gerangel, lautstarkes Schimpfen. Worum es ging, kann ich nur vermuten. Ich glaube, es ging darum, wer welchen Platz bekommt. Das war lächerlich. Nach

all den Strapazen, Streit um die Sitzplätze! Es war unfassbar. Aber es sollte noch schlimmer kommen: Ein Wort gab das andere und es dauerte nicht mehr lange, bis der erste der Männer zuschlug und von jetzt auf gleich war eine unglaublich brutale Schlägerei im Gange.
Meine Landsleute bewiesen, dass sie nicht wirklich gut zusammenhalten können. Drei gegen einen, auch das nichts Ungewöhnliches.
Die Mutter des Einzelkämpfers geriet zwischen die Fronten. Sie wollte wohl nur ihren Sohn beschützen und die Streithähne zum Aufhören bewegen. Sie schrie und weinte. Die Männer sahen nur noch rot und machten selbst vor ihr nicht halt. Sie schlugen mit geballten Fäusten auf sie ein. Die Gewalt, mit der sie getroffen wurde, war unbeschreiblich. Das war beschämend.
Ich erinnere mich, dass die Araber über uns gelacht haben.

»Was schlagt ihr euch gegenseitig tot? Seit ihr nicht aus einem Land?« Die Araber saßen kopfschüttelnd da. »Die spinnen, die Afghanen!«
Sie haben es nicht fassen können. Bald sank die Mutter kreidebleich ohnmächtig zu Boden. Spätestens da hätten sie zur Besinnung kommen sollen, aber es ging munter weiter. Was interessierte sie, dass eine Frau zu ihren Füßen lag? Was sie interessierte, war, wer der Stärkere war und wer deshalb auf dem besseren Platz sitzen würde. Es ist wie bei jedem Streit: Später kann man nicht mehr sagen, worum es eigentlich ging. Um die Plätze sicherlich nicht, denn es gab genug. Aber es gab keinen Stop. Nichts half. Die Prügelei eskalierte. Niemand schritt ein. Die Frau berappelte sich, ging wankend erneut dazwischen und wurde ein weiteres Mal einfach umgehauen.

Eine furchtbare Situation, die ich damals nur ertragen konnte, weil ich erschöpft und abgestumpft war und mir bewusst war, ein zwölfjähriger Junge kann bei solchen Dingen wenig ausrichten. Ich kannte es ja auch nicht anders: Wenn einem was nicht passte, schlug man drauf. So haben es alle gemacht und ich natürlich auch.

»Jetzt habe ich aber die Schnauze aber voll!«

Der Busfahrer war aufgebracht, fuhr an den Rand und weigerte sich, auch nur noch einen Meter weiterzufahren. Keinen Fuß würde er mehr aufs Pedal setzen. »Schluss! Das war's!«, schrie er. »Ich rufe die Polizei. Soll die sich mit euch Idioten rumschlagen.«

Verstehen konnte man es ja. Da haben sie alle gebettelt und hoch und heilig versprochen, sich ab da zu benehmen. Es war wie im Kindergarten.

Sie gelobten Besserung, entschuldigten sich, stimmten dem Busfahrer zu. Ja, er habe ja recht, sie würden sich jetzt zusammenreißen. Ehrenwort!

Schließlich hat er sich erweichen lassen.

Ab dann hätte eine ruhige Fahrt werden können, aber, was soll ich sagen? Nach knapp einer Stunde ging es schon wieder los. Wie zu Hause bei uns! Ständig gab es Schlägereien. Es reichte, dass einer, den man nicht kannte, rübersah und man den Eindruck hatte, er hätte irgendwie blöd aus der Wäsche gesehen, und es ging los. Als ob alleine das Gucken bereits ein Verbrechen wäre. Man sollte meinen, man könnte hinsehen, wohin man will. Gucken ist ja nicht verboten. Nicht mal in Afghanistan. Trotzdem waren wir der festen Überzeugung, dass wir im Recht waren: Niemand hatte uns dümmlich anzuglotzen und, so peinlich mir das heute ist, ich habe natürlich genauso mitgemacht.

Wir hatten sogar Messer. Selbst ich mit gerade mal zwölf. Das ist unglaublich, aber wir stellten das nicht in Frage. Was alle machten, konnte nicht falsch sein und Messer sind dazu da, dass man sie auch einsetzt. Man kann sich nur zu gut vorstellen, dass es wirklich erschreckend wenig braucht, um Katastrophen auszulösen. Der eine, der was macht, darf niemals ungeschoren davonkommen. Also: alle Mann hinterher! Und danach war klar, dass auch die anderen, sich nichts gefallen lassen durften und zum Gegenschlag ansetzten und immer so weiter. Ein verheerender Kreislauf. So entstehen Kriege, würde ich sagen. Ruhe jedenfalls gab es nie. Einer schlug immer. Einmal, zu Hause in Afghanistan, hatte ich eine ziemliche Schlägerei mit drei Jungen gleichzeitig und meine Chance, zu gewinnen, war entsprechend klein. Ich kam mit einer demolierten Nase davon. Die hat geblutet wie Sau, und als meine Mutter das gesehen hat, bekam ich gleich noch mal eine Abreibung. Das hat schon eine ganz eigene Logik: Das Kind zu verprügeln, weil es sich geprügelt hat.
Manchmal habe ich Schläge bekommen, weil ich mich so dumm angestellt hatte, nicht zu gewinnen, oder, weil ich mich nicht gewehrt habe, aber auch, weil ich dabei meine Kleidung eingedreckt habe. Ein anderes Mal, einfach deshalb, weil ich mich geprügelt hatte. Hauptsache Prügel.
Schlägereien waren an der Tagesordnung. Selbst fünfzehn gegen einen, war normal. Was konnten wir dazu, wenn einer so dämlich war, ganz alleine bei uns rumzulaufen? Um gegenseitig aufeinander einschlagen zu können, brauchte es keinen besonderen Grund. Es genügte, dass ein Fremder in unserem Dorf nicht den Kopf gesenkt hielt. Einen Anlass fand man immer. Zum Beispiel, wenn

er auf seinem Handy laut Musik hörte und wir uns angeblich in unserer Ruhe gestört fühlten. Das reichte, damit es rund ging. Es galten unsere Regeln und eine davon war, dass Leute, die nicht zu uns gehörten, verfolgt wurden. Wir hetzten sie wie Jagdhunde das Wild. Ich rede hier nicht von Gerangel, dass Jugendliche unter sich immer mal wieder anzetteln. Nein, ich spreche von Gewalt.

Meine Mutter aber, so jung sie war, hatte erkannt, dass es falsch war, was wir taten, und ich musste ihr versprechen, mich niemals wieder zu prügeln.

»Hörst du!«, sagte sie, »mit Draufschlagen und Zustechen ist keinem geholfen. Ihr müsst miteinander reden!«

Reden? Keiner hat groß geredet, zumindest nicht, um Dinge zu klären. Männer jedenfalls nicht.

»Ja Mutter«, habe ich gesagt, es aber nicht so gemeint.

Man verriet nichts von sich, weil es in der Regel gegen einen verwendet und herumgetratscht wurde. Als Mann musste man sich beweisen. Kurz und knapp.

Seit ich in Deutschland bin, ist es tatsächlich nie wieder passiert, dass ich mich geprügelt habe. Ich habe erst hier gelernt, dass es auch besser geht. Meine Mutter hatte recht: Gewalt ist keine Lösung. Ob die Menschen das jemals verstehen werden?

Anfangs ist es mir sehr schwergefallen, Fehler zuzugeben. Oftmals habe ich mich in meinem Stolz verletzt gefühlt. RB hat mich dann mal gefragt:

»Wie willst du lernen, wenn du dir keine Fehler eingestehst? Wenn du nicht deinen eigenen Weg suchst, wirst du immer nur das tun, was andere dir sagen. Was ist, wenn die viel dümmer sind als du?«

Ich gebe es nicht gerne zu, aber das war einleuchtend. So

was habe ich natürlich nicht eingestanden, sondern lieber irgendeinen Witz gerissen, oder ich bin ausgewichen und habe das Thema gewechselt.
Nun wünsche ich mir tatsächlich, dass ich niemals wieder in die Situation komme, mich schlagen zu müssen. Dass ich das mal von mir behaupten würde, hätte ich früher nicht gedacht.

Meine Erinnerungen haben mich lange nicht losgelassen. Immer wieder lande ich in Afghanistan, sehe die Bilder vor mir: den Bruder einer meiner besten Freunde zum Beispiel – richtig kriminell. Drogenabhängig. Vor der Schultür alles rot. Er, von vier Leuten niedergestochen, liegt im Krankenhaus nur fünfhundert Meter entfernt, mit einem weißen Tuch abgedeckt. Tot! Er ist übersät von Messerstichen. Blut, überall Blut! Ich musste es der Mutter sagen und höre noch heute ihre Schreie, sehe, wie sie zum Sohn rennt, den Abhang hinunterstürzt, schließlich vor ihm steht und ganz erstarrt ist. Sie sieht ihn an, den toten Sohn und ist völlig regungslos. Die Stille, die in diesen Augenblicken entsteht, vergisst man nicht. Sie ist lauter als Krach. Es war, als wäre sie selbst gestorben. Wahrscheinlich war es auch so.
Solche Situationen habe ich oft gesehen. Auch ein anderer Bruder meines besten Freundes ist ermordet worden. Mit einer Drahtschlinge hat man ihm die Kehle durchschnitten und ihn verbluten lassen. Immerhin: Die Wölfe haben ihn nicht gefressen. Selbst das ist oft genug passiert, diesmal aber nicht. So konnten die Eltern ihn wenigstens abholen, auf einen Platz haben sie ihn abgelegt, später begraben. Unglaubliche Grausamkeiten. Wie innere Fotos blitzen sie auf: Menschen, die jemand angezün-

det hat und die bei lebendigem Leib, wie Fackeln schreiend umherrennen. Bis sie zusammenbrechen, dauert es eine lange Zeit. Solche Straftaten sind nicht verfolgt worden, und wenn, dann nur ganz nebenbei. In ein paar Wochen waren die Leute wieder draußen und alles ging weiter. Gefühllose Verbrechen, im Video festgehalten. Auch die habe ich gesehen: ein Haus bei uns, von den Taliban angesteckt. Brennende Kinder, die hinausstürzen, sich im Schnee wälzen, um sich zu löschen, natürlich ohne Erfolg.

Mit den Taliban ist kein Frieden zu machen. Immer wieder heißt es, dass sie kämpfen werden bis zum Ende.

In Frieden leben zu können, ist ein großes Glück. Das müssen die Menschen doch irgendwann mal begreifen. Frieden fängt immer bei uns selbst an. Das habe ich begriffen. Wir entscheiden!

Den meisten, die ich kenne, geht es genauso: Sie wollen endlich in Frieden leben.

Natürlich gibt es immer noch welche, die ihren Kopf nicht anstrengen und glauben, dass es in jedem Fall ihr gutes Recht ist, anderen zu sagen, was sie zu tun und zu lassen haben, aber auch die werden es eines Tages kapieren müssen, sonst sehe ich schwarz. Denn hier ist so vieles schöner. Eine komplett neue Welt für mich. Ich jedenfalls bin wie ausgetauscht und kann mir gar nicht mehr vorstellen, dass auch ich mit den Jungs in das benachbarte Dorf gezogen bin, nur um zu prügeln. Einfach so. Nur weil die da schwächer waren und wir nichts Besseres zu tun hatten. Ich glaube, wir haben uns einfach nur gelangweilt und hatten, wenn man ehrlich ist, auch keine guten Vorbilder. Heute habe ich was Sinnvolleres zu tun, als mich aufzuführen wir einer, der nichts im

Kopf hat. Aber es ist leicht, jemand zu verurteilen, der kaum Schulbildung hat und keine Möglichkeiten, frei zu denken oder freie Entscheidungen zu fällen.

Wenn man ständig Gewalt erfährt, wird man selbst gewalttätig. Man gibt das weiter, was man weiterzugeben hat. Wie sollte das auch anders sein? Wenn ich hier was falsch mache, kommt immer:

»Wie wäre es, wenn du vorher mal nachdenken würdest?«

Mir ist erst mal klargeworden, wie wenig ich das früher getan habe. Heute gelingt mir das viel besser und es ist für mich etwas ganz Besonderes, lernen zu dürfen. Das ist unglaublich, welche Chance das bietet. Wären alle Menschen richtig klug, würden sie nicht Kriege führen. Krieg zerstört die Länder und macht uns arm.

Das war jetzt ein kleiner Vorgriff auf die Erfahrungen, die ich in Deutschland gemacht habe. Erstmal war ich noch immer auf der Flucht, saß in diesem Bus, in dem meine Landleute dabei waren, alles zu versauen und sich aufzuführen, dass es mir heute noch peinlich ist.

An einem Rastplatz hielten wir an, damit der Fahrer die Polizei holen konnte. Ich hätte eh nichts ausrichten können und so nutzte ich lieber die willkommene Pause, mir was zu essen zu kaufen und dann habe ich ein Mädchen getroffen! Es gibt wirklich schöne Momente.

Eine Araberin, ein, zwei Jahre älter als ich, die mich die ganze Zeit angelächelt hat. Das war wenigstens mal was! Sie stand da und lächelte, und ich fühlte mich auf einmal leicht, so, als hätte es nie Probleme gegeben.

»Die Kraft der Liebe«, hat RB behauptet und breit gegrinst. Nicht ganz meine Worte, aber er drückt sich eben

manchmal ein bisschen geschwollen aus. Das liegt, glaube ich, daran, dass er schon ziemlich alt ist.
Bis Österreich habe ich das Mädchen immer wieder getroffen, rein zufällig. Viel unterhalten konnten wir uns nicht, weil wir keine gemeinsame Sprache hatten. Aber sich gegenseitig anzusehen, war auch schon mal was. Das hat wirklich Spaß gemacht. Was wohl aus ihr geworden ist?

Die Polizeibeamten haben es dann tatsächlich geschafft, dass die Kampfhähne sich vertrugen und drohten an, im Falle, der Bus müsste wegen ihnen noch einmal anhalten, sie mitzunehmen. Das hat gezogen. Wenn in Afghanistan jemand mit der Polizei verschwand, hieß das nichts Gutes. Wer weiß schon, wie es hier war? Also war Vorsicht geboten.
Danach ging es entspannt weiter.
Der Busfahrer war ein netter Kerl, der Witze gemacht hat. In einer solchen Situation ist das schon was ganz Besonderes. Man sitzt und fühlt sich frei. Es passiert einem nichts mehr. Man kann sich einfach nur auf seinen Sitz hocken, lachen und sich entspannen. Das erste Mal seit fast vier Monaten hatte ich keine Angst. Die Wahrscheinlichkeit war groß, dass mich niemand mehr erschießen würde, keiner würde mich gefangen nehmen und schlagen würde mich vermutlich auch niemand mehr. Das waren Allahs Geschenke an mich.
Ich hatte ein kleines Spiel auf dem Handy. Auch das war toll. Damit beschäftigte ich mich, wenn keine Witze mehr fielen und es ruhig im Bus geworden war.
Manchmal denke ich daran, wie viel Glück ich hatte. Nur ein paar Wochen später und wir hätten Griechen-

land nicht mehr verlassen können. Man schloss die Grenzen, um dem Flüchtlingsstrom Herr zu werden. Was das letztlich bedeutet, kann sich kaum einer vorstellen. Viele derer, die feststecken, leben bis heute unter schrecklichen Bedingungen. Das mache ich mir oft klar, wenn mir irgendetwas gegen den Strich geht. Ich hatte wirklich großes Glück.
Die Sachen, die ich damals getragen habe ich immer noch. Sie haben mich bis hierher ins Kinderheim begleitet.

Vor der Grenze zu Mazedonien warteten zwanzig Busse auf uns, und der Busfahrer, der uns bis hierher gebracht hatte, verabschiedete sich sogar mit Handschlag sehr nett von uns, und wünschte mir Glück. Freundliche Menschen behält man im Gedächtnis. Ich jedenfalls war für jede noch so kleine Aufmerksamkeit dankbar. Manchmal denke ich noch an ihn.
In den Stunden, in denen ich meine Geschichte erzählt habe, sind mir unglaublich viele kleine und große Dinge wieder eingefallen. Das war oft nicht so einfach für mich, weil dann viel Durcheinander in meinem Kopf entstanden ist und ich erstmal ordnen musste, was wohin gehörte, aber ich hatte ja Zeit.

Ein paar Minuten Fahrt trennten uns nur noch vom nächsten Etappenziel. Alle standen auf einem riesigen Parkplatz. Ein Bus fuhr, die anderen warteten. Nach einer Stunde folgte ein zweiter, nach einer weiteren Stunde noch einer und immer so weiter. Das hätte, wie man sich gut vorstellen kann, ewig dauern können, aber das Glück war wieder mal auf unserer Seite. Schon nach

sechs Stunden kamen wir dran. In der Zwischenzeit haben wir geschlafen und gebetet.
In Afghanistan haben wir immer viel gebetet. Jeden morgen um vier Uhr schon sind wir aufgestanden. Wir wuschen Hände und Füße, dann beteten wir, anschließend lernten wir drei Stunden aus dem Koran, danach erst ging es wieder nach Hause zum Frühstücken. Schule war von 8.00 bis 10.30 und dann ging es wieder heim bis zum Mittagsgebet um 13:00. Noch einmal drei Stunden Koran und der Tag war schon fast geschafft. Unglaublich, dass es bei so vielen Gebeten trotzdem so viel Gewalt gab.
Afghanistan ist ein armes Land. Wenn ich hier alte Häuser sehe, denke ich, dass ich daheim mit einem solchen Haus immer noch zu den Reichen gehören würde.
Die Angst zurückzumüssen verfolgt mich. Ich würde gerne diejenigen, die glauben, wir könnten ebenso gut zurückgehen für eine Woche mit nach Afghanistan nehmen. Die meisten würden dann wahrscheinlich doch verstehen, warum wir unbedingt hierbleiben wollen. Das hat weniger damit zu tun, dass es hier mehr zu kaufen gibt. Wir wollen einfach leben.

An der Grenze gab es Essen und danach fragte man nach unseren Papieren. Gut, dass wir welche hatten. Andere wurden nämlich wieder zurückgeschickt. Es gab viele Knotenpunkte, an denen eine Flucht plötzlich zu Ende sein konnte. Je weiter man gekommen war, desto verzweifelter waren die, die es erwischt hatte. Aus unsrem Bus betraf das glücklicherweise niemand.
Manchmal verstand ich nicht genau, was geschah und warum etwas so oder anders gewesen ist, aber ich tat, was

alle machten, schwamm einfach mit im Strom – als Fisch unter Fischen, ohne viel nachzudenken.
Dass wir erst ein paar Kilometer zusammen mit Polizeibeamten laufen mussten, bevor wir uns wieder sammelten und nach Drogen und Waffen durchsucht wurden, war auch so etwas Unverständliches. Irgendeinen Sinn hatte es wahrscheinlich. Vielleicht, damit wir uns nicht einfach ins Land absetzen konnten.
Schließlich bekamen wir, einer nach dem anderen, einen Stempel. Neue Papiere für Mazedonien! Die würden wir erst mal behalten.
Nun stand wieder mal ein Kurswechsel an. An anderer Stelle hatte ich ja schon erzählt, wie sich das verhielt: Einmal war dies günstig und später war es etwas anderes. Es war die Zeit gekommen, dass ich nicht mehr als Parwanas Sohn durchgehen konnte. Das Bündnis musste gelöst werden, denn wenn wir nach Deutschland als Familie eingereist wären, hätten wir kaum glaubhaft machen können, dass dem nicht so war, und Parwana wäre auf ewig meine Mutter geblieben. Verständlich, dass das nicht ging. Ich habe schon eine Mutter und die will ich auch gar nicht eintauschen.
Ich war so klein und mittlerweile so dünn, dass ich die Herzen rührte. Ein Mazedonier bot mir sogar an, bei ihm zu bleiben – warum auch immer. Nach sechs Monaten würde ich einen eigenen Pass haben und könnte weiterreisen. Wahrscheinlich meinte er es nur gut und hatte keine Hintergedanken. Vielleicht aber hatte er was ganz anderes mit mir vor. Keine Ahnung. Für mich war die Sache eh klar: Ich musste weiter.

»Was brauchst du?«, hat er wissen wollen, und ich habe wahrheitsgemäß geantwortet, dass ich nur die Papiere brauche, dass ich nach Deutschland will, um dort zu leben und einen Beruf zu erlernen, und er war begeistert, dass ich nicht mal neue Anziehsachen erbetteln wollte und nicht nach Geld gefragt habe. *Bescheiden* hat er mich genannt und wahrscheinlich war ich das ja auch. Man wird einfach automatisch so, wenn man kaum noch was hat.

Wieder ein Lager. Das wievielte war das? Keine Ahnung. Mehrere hundert Leute, die in die riesigen Zelte strömten. Dann in die Busse. Danach in Züge. Ein paar Kilometer vor der bosnischen Grenze mussten wir raus, um auf den Gleisen weitergelaufen. Nachts um vier läuft es sich schwer.

In Bosnien sind wir nicht lange geblieben. Ich kann mich kaum an was erinnern, weil alles so schnell ging. Abends um zehn fuhren wir weiter und am anderen Nachmittag hatten wir unser nächstes Etappenziel erreicht. Ein paar Stunden liefen wir in Gruppen.

Ich schätze, in unserer waren so vierzig Leute. Araber, Syrier, Afghanen.

Eine immense Entspannung machte sich breit. Die Gefahr hatten wir hinter uns gelassen. Das war ein wunderbares Gefühl. Keiner würde uns mehr verfolgen. Niemand auf uns schießen. Wir mussten nichts anderes tun, als einfach Schritt um Schritt auf die Gleise setzen. Das Gute an Gleisen ist, dass man sich nicht verlaufen kann. Schwelle auf Schwelle. Bis die vor uns die Richtung wechselten und uns in ein riesiges Zeltdorf führten. Zwanzig, dreißig Zelte – in der Mitte irgendwo ein noch größeres. So was wie ein Versorgungs– oder Versammlungszelt würde ich sagen. Alle verlassen. Menschen, die zuvor dort Unterschlupf gefunden hatten, waren weitergezogen. Ich versuchte, aus ihren Hinterlassenschaften irgendwas Nützliches rauszufischen.

Als Erstes sammelten wir Decken zusammen. Nachts nicht frieren zu müssen war schon mal was. Natürlich habe ich dann erstmal das schönste Zelt für uns ausgesucht und wir haben uns eingerichtet. Das Gute an einer Flucht ist ja, dass man ständig erschöpft und müde ist und sich nur noch ein paar Stunden hinlegen will.

Das Rote Kreuz hat Essen verteilt. Wir würden also noch nicht mal hungrig schlafen müssen.

Gut, das mit dem bequemen satten Schlaf ist dann doch nichts geworden, denn bereits nach einer Stunde wurden wir aufgescheucht und weitergetrieben. Das war fast schon ärgerlich, weil es eine gemütliche Nacht hätte werden können. Aber je schneller es weiterging, desto schneller würden wir ankommen.

Zu Fuß in Richtung Kroatien. Die gleichen Gruppen, die zusammen im Bus gefahren waren, liefen nun auch gemeinsam. Alles schön geordnet. Kein Durcheinander. Bis wir ziemlich kaputt an der kroatischen Grenze angekommen sind, hat es gedauert. Bei jeder Grenze gab es einen Stempel und zum Glück sind wir vom Roten Kreuz verpflegt worden. Ab da brauchten wir auch die Busfahrten nicht mehr bezahlen, weil selbst die von Hilfsorganisationen organisiert wurden. Was hätten wir nur ohne die gemacht? Wie viele von uns hätten es nicht geschafft? Im Nachhinein habe ich mich das oft gefragt.

In Kroatien liefen wir zu Fuß. Alle drei bis vier Kilometer gab es Essen und zu trinken. Man war also auf den Flüchtlingsstrom eingestellt. Dann wurden wir in einen Bus verfrachtet und in die nächste Stadt gefahren. Die

Frage, warum man nicht gleich an der Grenze abgeholt worden ist, stellte man nicht.

Der Bus fuhr uns in ein Flüchtlingscamp. Wir kannten das Prozedere: Anmelden und Stempel in Empfang nehmen. Die gesamte Zeit über trugen wir Armbändchen, deren Farben von Land zu Land wechselten. Wie die Säuglinge in den Krankenhäusern, damit sie nicht verwechselt werden konnten. So ähnlich war das auch bei uns.

Danach durften wir Fahrkarten kaufen, was aber nicht mehr geklappt hat, weil es zu spät und der Schalter schon geschlossen war. Zum Glück fuhr noch ein Bus – nur der Fahrer übertrieb es und wollte gleich vierzig Euro pro Person. Zu teuer für uns. Wir stiegen wieder aus und liefen mit Sack und Pack zurück zum Bahnhof. Von einem anderen Flüchtling erfuhren wir dort, dass es Tickets auch direkt im Zug gäbe und siehe da: Die Fahrkarten kosteten plötzlich nur noch die Hälfte.

Die ganze Bahn war nur für Geflüchtete. Die Kroaten nahmen ihre eigenen Züge. Das erste Mal in meinem Leben fuhr ich mit dem Zug. Ich war so begeistert! Mich aus dem Fenster zu hängen und nach draußen zu sehen und dabei den Wind im Gesicht zu spüren, war ein wirklich tolles Gefühl! Wir hatten kein Abteil, sondern saßen im Flur, was sehr unbequem war. Zwölf Stunden sind da schon eine lange Zeit. Zunächst ging es noch, dann aber tat mir alles weh und ständig schlief mir irgendwas ein. Die Zeit schlich so vor sich hin, allerdings brachte uns jeder Meter, den wir vorankamen, unserem Ziel näher. Das war tröstlich. Heute kommt es mir komisch vor, dass ich nicht mehr erinnern kann, wie die Städte hießen, durch die wir gefahren sind. Ich bin oft gefragt worden, wo ich

genau hergefahren bin. Ich weiß es nicht. Die Städtenamen konnte ich ja nicht mal aussprechen, geschweige denn, sie mir merken und, wenn ich ehrlich bin, wusste ich auch gar nicht, wofür das hätte gut sein sollen.
Jedenfalls mitten in der Nacht, so gegen vier Uhr morgens liefen wir ein in den Hauptbahnhof einer großen Stadt.
Wir durften das Bahnhofsgebäude nicht verlassen. Eine Stunde warten. Viel weiß ich nicht mehr, nur dass es wieder einmal saukalt gewesen ist und wir uns in ein Restaurant verzogen haben, damit die kleineren Kinder mit dem Quengeln aufhörten. Für die, die jünger als ich waren, muss es noch anstrengender gewesen sein, aber die hatten wenigstens ihre Mutter in der Nähe und deshalb bemitleidete ich sie auch nicht besonders. Was hätte ich darum gegeben, ich hätte auch meine dabei gehabt.
Das erste Mal sah ich Mönche.
Wie viele erste Male es gab. Es waren unglaublich viele Dinge, die mir völlig neu waren. Wenn einem was begegnet, von dem man bislang keine Ahnung hatte, ist man sehr verwirrt. Ich verbrachte Wochen damit, verwirrt zu sein. Schon damals ahnte ich, wie begrenzt meine Erfahrungen bis dahin gewesen sind und wie wenig ich von der Welt da draußen wusste.
Einer der Lieblingssprüche von RB ist es, zu sagen:

»Es kann immer auch ganz anders sein. Es ist wahrscheinlich, dass es mehr als nur eine Wahrheit gibt.«

Wenn ich zu überzeugt bin, etwas zu wissen, oder allen meine Meinung aufzwängen will, denke ich daran. Ja, es stimmt: Es gibt immer mehrere Wahrheiten und man tut gut daran, über den Tellerrand zu sehen. Das mit dem Tellerrand habe ich erst im Kinderheim gelernt.

Die Mönche saßen an einem Tisch nicht weit von unserem entfernt und tranken Alkohol. Lustig. Mir wurde klar, dass es unterschiedliche Religionen gab. Muslime hätten nicht getrunken.

Irgendwann lief der Zug ein. Diesmal hatten wir es gut getroffen. Ich war ja mittlerweile kein Fluchtanfänger mehr und wusste, wer schnell war, hatte in solchen Situationen einen Vorteil. Ich war schnell und habe uns ein Abteil organisiert.

In Kroatien ist dann nicht mehr viel mehr passiert. Nichts weiter, als dass wir durch das Land gefahren sind. Das war genauso spannend oder langweilig, wie man sich vorstellt, dass es sein könnte.

Kurz vor der Grenze nach Slowenien mussten wir erneut aussteigen. Nochmal: Ausweispapiere zeigen, Stempel kassieren, was essen, anschließend weiter: Neuer Zug, neues Glück, wieder möglichst gute Plätze, das heißt, ein Abteil sichern, und los.

Dann passierte nicht viel mehr, als dass wir den ganzen Tag und die Nacht fuhren. Es gab Fahrten, die einfach nicht enden wollten. Stunde um Stunde, das Rattern des Zuges und wir hingen erschöpft rum und hofften auch irgendwann mal anzukommen. Das war so anstrengend. Der Vorteil, wenn man ständig auf der Hut sein muss, ist, dass es unentwegt was zu tun gibt und man immer in einem »Hab–Acht–Modus« umherläuft und unter Spannung steht. Natürlich ist das auch nicht gut, und ich war froh, dass es ungefährlicher zuging. Ich wollte nur erklären, dass die Zeit manchmal schneller und dann wieder langsamer verging. Je nachdem, was los war.

Die Flure im Zug lagen voller Menschen, und als ich mal musste und auf die Zugtoilette wollte, hat niemand Platz gemacht. Wenn man muss, muss man und so blieb mir nichts anderes übrig als über alle möglichen Leute drüber zu klettern, mich dafür zu entschuldigen und mich von ihnen beschimpfen zu lassen. Unter diesen Umständen überlegt man sich schon sehr genau, wie oft man wirklich aufs Klo muss.

Viele Städte haben wir passiert – immer wieder Schilder mit Namen drauf, die mir nichts sagten. Nach dem Ort *Irgendwas* folgte die Stadt *XY* und am Morgen hieß es dann: Wir sind da! Das ich das noch erleben durfte.
Man kann es sich schon vorstellen: Es war wie sonst auch: Das Camp befand sich nicht direkt an der Grenze. Alles war, wie wir es kannten, nur die Kontrollen waren schärfer: Schuhe, Socken, alles wollten sie sehen.
In Slowenien bekamen wir neue Armbänder. Wieder gehörte man einer Gruppe an, wurde aufgerufen, einen Bus zu besteigen. Einer machte Platz für den anderen, wartete höflich, was daran lag, dass es endlich entspannter zuging und es zudem genügend Sitzplätze gab.
Gleich sechs Busse standen bereit, die Kolonne fuhren. Ein Polizeiwagen vorne, einer hinten. Warum? Wahrscheinlich, dass keiner heimlich ausstieg und blieb. Die meisten wollten die Flüchtlinge, so schnell es ging, wieder loswerden. In drei bis vier Stunden würden wir Österreichs Grenze erreichen.
Vom einen Bus in den anderen rein. Immer neue Kontrollen, aber die Beamten verhielten sich unglaublich nett. Das war echt auffallend: Je weiter wir in den Westen kamen, desto freundlicher wurde der Umgangston. Niemand schleuderte mir Beschimpfungen entgegen, keiner schlug mich. Da kommt man sich vor wie im Paradies.

Alles war etwas unwirklich. Anfangs war ich noch angespannt. Vielleicht war das nur die Ruhe vor dem Sturm. Ich war doch ziemlich misstrauisch. Wie konnte es sein, dass die Menschen mit einem Mal wie ausgetauscht schienen und uns anlächelten?
Man merkte: Hier ist Europa. Andere Gesetze. Das war schon ein kleines Wunder: Ohne, dass wir Geld bezahlen mussten, ohne, dass sich einer einen Vorteil durch unsere Notlage verschaffen wollte, stiegen wir aus dem einen Bus aus und in einen neuen ein. »Herzlich willkommen«, sagten die Beamten und Fahrer. Das war auffällig. Ich fühlte mich als Mensch. Wertvoll.
Heute vermisse ich manchmal sogar das Gefühl, weil ich dran gewöhnt bin, hier ordentlich behandelt zu werden. Ich muss mir immer wieder die Erinnerungen zurückholen, wie schlecht sie oftmals in Afghanistan mit mir umgegangen sind, um immer wieder den Wert zu schätzen, dass es in Deutschland meistens ohne Gewalt zugeht.
Ich weiß, dass es auch hier Menschen gibt, die nicht achtsam sind und die uns hassen, aber ich habe wirklich überwiegend gute Erfahrungen gemacht. Alle sind nett zu mir. Niemand sagt mir »Du bist ein Scheißflüchtling, du bist Dreck, also verpiss dich!«
In Frankfurt gibt es alle Kulturen. Ich liebe Frankfurt. Natürlich gibt es auch hier unschöne Situationen: Einmal zum Beispiel, das fällt mir gerade ein, hat ein Kind mit mir spielen wollen, mir dann aber gesagt, seine Mutter habe es verboten, weil ich gewalttätig sei ... Einen Moment habe ich gestutzt.

»Deine Mutter kennt mich doch gar nicht ... Wie kann sie sagen, dass ich gewalttätig bin?« Das ist schon verletzend, aber so was muss man auch nicht überbewerten.

Dumme Menschen gibt es überall. Vielleicht liest die Mutter je das Buch und dann ist sie auch klüger. Solche merkwürdigen Zusammentreffen sind aber wirklich die Ausnahme.

Einmal hat im Kinderheim, ich war ganz neu, ein Mädchen behauptet, ich sei ihr zu nah gekommen. Sie hat das einfach so gesagt, vielleicht um sich ein bisschen wichtig zu machen, aber ich konnte mich nicht verteidigen, weil ich noch kein Deutsch konnte, und der Erzieher hat mich dann belehrt, dass es in Deutschland üblich wäre, die Mädchen nicht als Freiwild zu betrachten und so weiter. Das hat mich so verletzt, dass ich in der Nacht geweint habe. Ich war damals ganz schön nachtragend. Bis die Angelegenheit aufgearbeitet war, hat es lange gedauert.

»Wer mich einmal zum Weinen gebracht hat, der ist bei mir unten durch. Der kann tun und lassen, was er will, der wird bei mir nie wieder zu was kommen«, habe ich RB erzählt. Gut. Der Erzieher hat sich entschuldigt und das Mädchen auch und dann habe ich mich noch ein wenig feiern lassen, dann war es aber auch wieder gut. Ich hatte ja an früherer Stelle schon erwähnt, dass ich keinem wirklich lange böse sein kann.

Zurück nach Österreich: Der Busfahrer hat sogar unser Gepäck eingeladen. Das war unglaublich! Ich kam mir wie ein Prinz vor. Ich konnte mich nicht erinnern, dass mir jemals irgendwer etwas abgenommen hätte. Sonst war ich der Lastesel. Es hat doch niemand interessiert, dass ich noch ein Kind war. Hier aber verstaute man für uns die Reisetaschen.

Es folgte eine der entspanntesten Reisen, weil nur wenige Familien eingestiegen waren und wir richtig viel Platz hatten. Echter Luxus! Das lag daran, dass es zu viele Busse gab. Manchmal wusste man eben nicht, wie viele von uns zur gleichen Zeit ankamen. Das hing ja an einer Menge von Zufällen, wann wer an das nächste Etappenziel kam. Mal waren es viele, mal nicht.

Wir hatten also so viel Platz, dass ich mich gar nicht entscheiden konnte, wo ich sitzen wollte und ständig meinen Sitz gewechselt habe. Ich erinnerte mich an die Ladeflächen der Laster, von denen ich fast gestürzt wäre, an die unbequemen Plätze zu den Füßen anderer, die engen Nischen in die ich mich zu quetschen hatte – und nun: Ein halber Bus nur für mich! Auch, wenn es dunkel war, und ich nicht viel gesehen habe, so war ich trotzdem begeistert. Selbst in der Dunkelheit sah man, dass die Städte anders waren. Sogar die Lichter. Bei uns und im Iran ist die Beleuchtung gelb, in Österreich weiß.

Man nimmt die Unterschiede wahr. Mir kamen sie bedeutsam vor.

Von Österreich kann ich kaum was erzählen, weil wir nicht ausgestiegen sind. Wir sind nur durchgefahren. Es gab eine Pause an einer Tankstelle. Mehr nicht.

Viele Fahrten fanden im Dunkeln statt. Keine Ahnung, warum. Vielleicht weil da weniger auf den Straßen los war. Ein Beamter fragte uns, wer bleiben will. Ich habe einen Onkel in Österreich, der wollte sogar, dass ich zu ihm kam, aber ich gehörte in meine Gruppe und hatte mir in den Kopf gesetzt, nach Deutschland zu gehen.

Ich wusste nicht mal, was Österreich ist und hatte ganz wirre Gedanken dazu. Auch deshalb bin ich nicht einfach ausgestiegen und geblieben.

Ein Mann rief uns beim Namen. Wir gingen durch ein Tor, stiegen wieder in einen Bus und der Fahrer fuhr uns

dann endlich an die Grenze nach Deutschland! So wirklich verstanden, dass ich fast am Ziel war, habe ich nicht. Ich hatte tief in mir drin irgendwie die Vorstellung das mit dem Ein– und Aussteigen würde jetzt noch eine halbe Ewigkeit so weiter gehen.
Ich trug einen Rucksack von Parwana und der Polizist, so ein richtig breiter Typ mit blonden Haaren, war einer, der Humor hatte, denn er fand einen BH, hielt ihn hoch und fragte mich:

»Trägst du so was?«

Er grinste und lobte mein Englisch.
Er wünschte mir viel Glück. Wie freundlich. Wieder fiel mir auf, wie gut wir auf einmal behandelt wurden und dann, das war nun wirklich die Krönung, hat er mir aus seiner Tasche ein *Twix* und einen Saft geschenkt. Beides war eigentlich für seine Mittagspause bestimmt. Er aber hat es mir gegeben. Seit dem liebe ich diesen Schokoriegel, weil er mich an ihn erinnert.

Von Griechenland bis Deutschland trug ich mein grünes Armband mit meinem Namen und einer Nummer drauf. Jetzt wurde das eine abgenommen und ein orangefarbenes umgelegt. Das Gefühl kann ich nicht richtig beschreiben. Auf der einen Seite habe ich dem nicht so viel Bedeutung gegeben, auf der anderen hat es mir natürlich immer gezeigt, dass wir verwaltet wurden und für die meisten nur Nummern waren.
Ein oranges Band hieß: Ich war am Ziel. Fast jedenfalls.

Dass ich in Deutschland gelandet bin, hatte mit meinem Onkel, der in Frankfurt lebt, zu tun, der wollte, dass ich zu ihm kam. Das Leben hat viel mit einer Menge Zufällen zu tun. Dass ich in Frankfurt gelandet bin, war ein großes Glück. Wäre mein Onkel woanders gewesen, wäre auch ich nicht dahin gekommen, wo ich heute lebe. So viel ist klar.

Hätte es bei uns im Kinderheim keinen Platz gegeben, wäre ich anderswo hingekommen. Das wäre wirklich schade gewesen.

Ich wollte nur aus meinem Leben was machen. Keine Scheiben von Nachbarn mehr einschlagen, keine Diebstähle begehen und von Gewalt hatte ich auch die Schnauze voll. Und keine Drogen! Gut, ich bin jung und manchmal auch ziemlich blöd und einmal habe ich an einem Joint gezogen, ohne groß nachzudenken. Ich wollte einfach mal ausprobieren, was passiert. Die im Heim haben Augen wie Adler und sind echt wachsam. Was soll ich sagen: Ich bin sofort aufgeflogen. Man kann sich nicht vorstellen, wie viele Moralpredigten ich über mich ergehen lassen musste ... Mann o Mann! Schon deshalb, weil alle so enttäuscht von mir waren, werde ich so einen Scheiß nie wieder anstellen.

Manche der Flüchtlinge behaupten, dass sie hier keine Perspektiven haben und wollen nach Amerika. Ich meine, es gibt immer eine Möglichkeit. Man muss aber selbst dran glauben. Wenn wir das nicht tun, wer dann? Und man braucht Disziplin. Ohne Arbeit geht es nicht. RB kritisiert ständig, wenn ich nachlässig Deutsch spreche. »Da draußen interessiert keinen, dass du dich durchmogeln kannst – da zählt nur Leistung. Wenn du hier was werden willst, sprich so, dass man dich versteht.« Ich habe ja an anderer Stelle schon gesagt, dass ich es manchmal nicht so leicht mit ihm habe. Es interessiert ihn auch nicht, dass ich eine immerhin doch ziemlich gute bis befriedigende Deutschnote habe. »Gut ist nicht gut genug.«

Irgend so ein Spruch kommt dann. Aber, wenn ich nach Jahren Freunde von früher treffe, die es nicht geschafft haben und im Bahnhof rumhängen und kiffen, ahne ich, dass er recht hat. Es ist nicht gut, sich gehen zu lassen. Wirklich nicht. Die Landsleute im Bahnhof sind abschreckende Beispiele. So will ich auf keinen Fall enden. Das wäre auch zu doof: Da hatte ich so viel Glück und setze es dann selbst aufs Spiel? Nein, besser nicht.

Die letzte Etappe

Heute hat RB mal wieder den Kopf über mich geschüttelt, nur weil ich während meiner Stunde bei ihm eine Mütze getragen habe. Was er nicht verstanden hat: Man kann eine Mütze nicht einfach absetzen, wenn man schon Mühe hatte, die ganzen Haare reinzustopfen. Wie soll das aussehen?

»Warum trägst du überhaupt eine? Es ist viel zu warm dafür. Oder hast du Läuse?«

Ich hatte ja schon erwähnt, dass sein modischer Horizont etwas eingeschränkt und sein Humor eigenwillig ist. Natürlich passen weiße Sommerschuhe und Strickmütze zusammen – ausgesprochen gut sogar – nur, dass er das nicht weiß, und ich ihm so was immer umständlich erklären muss. Gut, es ist ein bisschen warm unter der dicken Wolle, aber die meisten jungen Männer, die ich kenne, laufen so rum. RB hat geduldig zugehört und nichts anderes zu tun gehabt, als mir einen Vogel zu zeigen und zu zwitschern. So, wie er es getan hat, als ich mir ein Ohrloch stechen lassen wollte. Gut, seine Befürchtung, auch dieses könnte sich entzünden und unschöne Narben hinterlassen, oder, wie er es ausgedrückt hat, mein Ohr abfressen, konnte ich dann irgendwie durchgehen lassen und beschloss, mir welche mit Magnetverschluss zu besorgen. Dann hat er mir wieder einen Vogel gezeigt.

»Weißt du, wie lange es dauern wird, bis das Ding verloren ist? Da können die im Heim das Geld auch gleich in den Gully werfen«, hat er gesagt, und ich habe versichert, dass ich ihn niemals verlieren werde. Dass er recht behalten hat, war ärgerlich, und ich habe das Thema dann nicht noch einmal auf den Tisch gelegt. Aber der Ohrring war ziemlich schnell weg.

Doch zurück zum eigentlichen Geschehen. Nun will ich auch noch den Rest erzählen:
Ein Bus kam, nahm eine der Gruppen mit. Wir kamen so gegen 14:00 Uhr dran. Das kannten wir schon: Abfahrten immer im Einstundenrhythmus. Wir mussten wieder eine Menge Geduld haben. Die Zwischenzeit nutzte ich, um Fußball zu spielen, war aber nervös. Dann stieg ich ein – die letzte Etappe! Ich hatte das Gefühl, dass alles einen guten Lauf nehmen würde. Mit dem Bus ging es weiter. Zwei Stunden fuhren wir durch eine ländliche Gegend. Es gibt unglaublich schöne Landschaften in Deutschland. Ein Zug wartete. Ich erinnere mich, dass er rot war – ein alter Zug. Vielleicht war der schon ausrangiert und musste nun noch mal für uns Dienst tun, aber es ging nicht los. Wieder hieß es Geduld haben, denn ein anderer Flüchtlingstrupp fehlte noch. Die waren irgendwo steckengeblieben. Dass sie schließlich dann doch noch ankamen, kann man gar nicht so als Glück ansehen, denn es folgte eine wirklich schlimme Nacht. Im Nebenabteil unterhielt man sich bis zum Morgen in unglaublicher Lautstärke. Man konnte kein Auge zumachen. Ich will nicht sagen, dass Araber grundsätzlich laut reden – diese aber taten es.
Dann kamen Polizisten und ließen uns aussteigen. Mit dem Reisebus ging es weiter. Es war ein Tag vor Sylvester und es war kalt, was natürlich eigentlich kein Wunder gewesen ist. In einem richtig gut geheizten Bus weiterfahren zu können war toll.
Morgens um sechs erreichten wir München. Was für ein Kulturschock! Wenn man aus Baghlan kommt und dann in einer so großen Stadt herumläuft, ist das eine vollkommen andere Welt. Im Vergleich zu dem, was es bei uns zu

sehen gab, erschien mir hier alles neu. Häuser, die in die Höhe gebaut waren. Unglaublich! Das kam mir derart unwirklich vor, dass ich aus dem Staunen gar nicht mehr rauskam. Und die Autobahnen erst! So viele Lichter. Hier in Deutschland ist es überall hell, dachte ich.
Wir kamen in ein riesiges Gelände. Wieder mal fast noch nachts, zumindest war es dunkel. Wie viel meiner Flucht sich im Dunkeln abgespielt hat ... Ich erinnere mich an das Gefühl, dass man müde war und gleichzeitig Aufregung verspürte, was als Nächstes geschehen würde.
Große Plätze mitten in der Nacht haben immer was echt Gespenstiges.
Ich kam für einen Tag ins Aufnahmeheim. Es gab Feldbetten und Etagenbetten, was ich toll fand. Auch so was hatte ich vorher noch nie gesehen. Es gab einen Raum, in dem man sich neu einkleiden konnte. Auch hier waren die Leute nett zu uns. Wir bekamen kostenlos Tee, Kaffee und Kakao und zu essen gab es belegte Brötchen. Ich habe auf dem Platz mit anderen Jungs Fußball gespielt, während Parwana ein paar Stunden geschlafen hat. Das war schon ein tolles Gefühl: Endlich mal einfach nur ein Junge sein. So hätte ich mich noch für eine Zeit arrangieren können, aber gleich morgens, mussten wir weiter zum Hauptbahnhof, damit wir Sylvester nicht festsaßen.
Da habe ich dann die erste negative Erfahrung gemacht: Die Busse hielten nicht an, weil die Fahrer uns als Flüchtlinge erkannten und uns sitzen ließen. Es war ganz offensichtlich, dass es sich nicht um ein Versehen gehandelt hat, sondern die wollten uns nicht in ihren Bussen haben. Das war kein schönes Gefühl.
Wir sind dann stundenlang weiter gelaufen. Es passiert ja in allen möglichen Situationen was, an das man sich spä-

ter erinnert: Wir trafen zwei ältere Menschen in Leggings, die uns nach dem Weg zum Bahnhof fragten. Wir sprachen Englisch mit ihnen und ich konnte gar nicht glauben, dass in Deutschland Menschen in strumpfhosenartigen Kleidungsstücken draußen rumliefen und das allen Anschein nach normal fanden. Später habe ich mir einen Reim drauf gemacht: Die waren wahrscheinlich nur Sportler, die ein bisschen joggen wollten. Was für ein ungewöhnlicher Anblick für mich!
Niemand in Afghanistan hätte sich in einem solchen Aufzug gezeigt – nicht mal im Haus. Auch daran erkennt man Freiheit: Jeder Mensch trägt, wonach ihm gerade der Sinn steht und niemand regt sich darüber auf.
Wir konnten dann endlich Tickets kaufen. Das heißt, wir haben das meinen Onkel übers Handy mit der Verkäuferin regeln lassen. Wir wussten ja gar nicht genau wohin. Und den letzten Abschnitt meiner Reise habe ich dann alleine bewältigt, denn eine Stunde nach München stiegen Parwana und ihre Begleiter aus, um zu ihrem Mann zu gehen, und wir haben uns getrennt. Sie ging zu ihren, ich zu meinen Leuten. Parwanas Mann war schon in Deutschland und wartete auf sie. Das war der Unterschied: Sie waren als Familie wieder zusammen. Es war schwer zu ertragen, dass mir in diesem Moment mehr als deutlich wurde, dass meine Mutter weit entfernt war, dass ich die Familie erst mal nicht wiedersehen würde.

Wann sich mein Bewusstsein für manche Dinge geändert hat, kann ich gar nicht mehr genau sagen, aber irgendwann denkt man über vieles anders. Vielleicht sollte man spätestens mit vierzehn oder fünfzehn damit anfangen. Als ich in Frankfurt ankam, war ich dreizehn. Ich lebte in Frieden. Alle kümmerten sich um mich, aber zu Hause ging der Krieg mit seinen Gräueltaten weiter: Im Internet verfolgte ich, dass ein sechsjähriges Mädchen in meiner Heimat entführt worden ist. Gar nicht weit von uns zu Hause ist das passiert, und die zwei Männer haben 300.000 Dollar von dem Vater verlangt. Das muss man sich mal vorstellen: Man will von einem Obstverkäufer so eine Menge Geld und droht damit, sollte er nicht bezahlen, das Mädchen umzubringen. Sie weinte, flehte den Vater an, er möge sie rausholen. Auch er verlor die Fassung, weil er hilflos zusehen musste, wie die Entführer vor laufender Kamera sein Kind quälten. Wie kann man an so was Spaß haben? Ein Kind zu quälen – geht es noch schlimmer? Was sind das für Menschen? Aber es kam noch ärger: Vor laufender Kamera erstickten sie das Mädchen und freuten sich darüber, dass der Vater zusammenbrach. Wie kann so etwas sein? Warum tötet man ein kleines Mädchen? Was ist es, dass da nicht stimmt? So etwas hat doch nichts mehr mit Krieg zu tun! Das alles ging einfach weiter und tut es immer noch – bis heute.

Mit RB habe ich besprochen, was man für den Frieden in der Welt tun kann. Ich glaube, das Wichtigste ist, mit dem Frieden in sich selbst anzufangen. Es zwingt dich keiner, wenn dich einer beschimpft, dasselbe zu tun. Du kannst auch einlenken. Was nützt es, wenn man jemand versucht kleinzumachen, weil er dicker oder schwächer ist, eine andere Hautfarbe hat oder irgendetwas anderes glaubt? Woher kommst du, sollte nicht die Frage danach sein, ob ich mein Gegenüber bekriegen muss, sondern nur das Interesse widerspiegeln, das wir für einander entwickeln. Wir alle kommen von ein und demselben Planeten. Wir bekämpfen, egal, gegen wen wir in den Krieg ziehen, immer auch uns selbst. Am liebsten wäre mir, wir würden begreifen, wie langweilig die Welt wäre, wenn alle an dasselbe glauben und alle ähnlich aussähen. Wenn es keine Unterschiede mehr gäbe, könnten wir wenig voneinander lernen.

Während ich mir all diese Gedanken mache, erreiche ich meine Mutter nicht und was passiert, ist schwer in Worte zu fassen. Ich will es mal so ausdrücken: Ich drehe fast durch. Es ist klar, dass ich sie liebe und wenn ich sie nicht erreichen kann, sorge ich mich. Ich weine, was ich sonst nicht tue. Aber in dem Moment, in dem ich mir vorstelle, es könnte auch meine Schwester sein, die man erstickt, muss ich weinen. Mir ist klar geworden, dass mein Vater oft Wochen und monatelang nicht zu Hause ist. Ich werde die inneren Bilder nicht mehr los: Meine Mutter alleine zu Hause, drei Männer vor ihrer Tür. Da braucht man nicht viel Fantasie, um sich vorzustellen, was dann passiert. Wenn Kinder schon so wenig wert sind, dann würden vielleicht auch meine Geschwister getötet, und ich könnte sie nicht mal beschützen. Sich bewusst zu werden, dass man nichts tun kann, ist etwas, dass mich sehr belastet. Gegen all das ist man machtlos und niemand schreitet wirklich ein.

Wenn ich die Familien meiner Freunde sehe, muss ich zugeben, dass ich oftmals neidisch bin. Muttertag zum Beispiel. Sie küssen ihrer Mutter die Hände und ich bin so weit weg, dass ich nicht mal mehr genau weiß, wie die Hände meiner Mutter aussehen.

Manchmal ziehen wir durch die Stadt und eine Mutter ruft ihren Sohn an und sagt, dass er nach Hause kommen und essen soll, was sie für ihn gekocht hat. Dann fühle diesen Stich in meiner Brust. Viele Erinnerungen begleiten mich, auch, wenn ich nicht so oft drüber rede, aber während meiner letzten Klassenfahrt war ich manchmal ganz woanders: Bei der Nachtwanderung zum Beispiel. Die Erinnerungen habe ich aber für mich behalten und muss sie hier sicherlich nicht weiter ausführen. Man kann sich die Einzelheiten vorstellen.

Die lange Busfahrt war komplett anders als die während meiner Flucht. Wir haben unentwegt geredet und Quatsch gemacht und es gab eigentlich keine Zeit, sich Gedanken zu machen. Aber trotz allem war ich kurz bei den Frauen, die Duftspray auf uns gesprüht haben, oder bei den Afghanen, die sich im Bus gegenseitig totschlagen wollten.

Auch, wenn wir mit unserem Kinderheimbus fahren, lande ich hin und wieder in dem schrecklich unbequemen Kleinbus, den wir im Iran hatten und wo ich auf dem Boden hocken musste und mir alles wehtat. Heute darf ich Beifahrer spielen und man achtet sogar darauf, dass ich angeschnallt bin, damit mir auch im Falle des Falles möglichst nichts passiert. Ich habe es ja schon ein paar Mal erwähnt, aber immer wieder stelle ich fest: Hier ist so viel anders.

Bei der Klassenfahrt vertrieb ich die dunklen Gedanken, weil diesmal die Freude siegen sollte, denn ich fuhr das erste Mal, in ein anderes Land, Italien – quasi als Tourist. Das war auch wieder mit einem unglaublichen Hickhack verbunden. Mit der Ausländerbehörde haben wir drei Monate gebraucht, um eine Genehmigung zu bekommen. Ein paar Tage zuvor, wusste ich immer noch nicht, ob ich mitfahren durfte. Ich finde, die sollten das anders organisieren. Vielleicht machen die beim Amt sich ein-

fach zu wenig Gedanken darüber, wie man sich fühlt, wenn sie einen so am ausgestreckten Arm verhungern lassen. Einer schiebt die Verantwortung auf den anderen und klären, woran das gelegen hat, kann man auch nicht. Alles sehr mühsam, aber was soll's?
Ich war während der Klassenfahrt auf meiner ersten Party und habe getanzt, was das Zeug hält. Mann, war ich begeistert von den Mädchen! Und vom Skifahren! Nach ein paar Tagen bin ich sogar die schwere Piste gefahren.
Manchmal muss ich einfach zeigen, was in mir steckt. Zum Glück ist alles gut gegangen. Warum auch nicht? Es steht ja nirgendwo, dass man ohne halbes Sixpack nicht Skifahren darf. RB war zum Glück weit weg, wahrscheinlich hätte er wieder mal unter Beweis gestellt, dass er eine echte Spaßbremse sein kann.
Einer der Jungen war eifersüchtig und hat dann behauptet, ich hätte gestohlen. Warum macht das einer? Später hat er zwar die Lüge eingestanden, aber so was ist einfach sehr belastend. Ich bekam sogar eine Strafe: Eine Nacht schlafen im Einzelzimmer – ich finde, nicht das Schlechteste. Eigentlich eher eine Belohnung. Am Tag darauf ist alles wieder geklärt worden. Man sollte sich immer überlegen, was man über andere erzählt. Lügen helfen keinem. Die Klassenfahrt hat aber trotzdem unheimlich viel Spaß gemacht.

Habe ich es erwähnt? In den letzten Tagen, bin ich sechzehn geworden. Zu Hause wäre ich damit längst erwachsen. Hier ist das nicht automatisch so.
Gestern war ich wieder bei RB. Viel zu erzählen gibt es immer, aber, zumindest was die Flucht betrifft, bin ich erstmal durch, glaube ich. Ich will aber auf jeden Fall

weiter hingehen. Wir könnten ja ein zweites Buch in Angriff nehmen …

Es ist Ramadan. Letztes Jahr war ich noch zu schwach durchzuhalten. Diesmal aber will ich es unbedingt schaffen. Ich bin geschwächt, weil ich tagsüber nichts esse und nichts trinke. Mir fällt das nicht so einfach, denn sonst trinke ich immer eine ganze Flasche Saftschorle, wenn ich bei RB bin. Angeblich sehe ich müde aus, als ich von meinen ersten Tagen in Deutschland erzähle – unserem letzten Kapitel. Eigentlich wollte ich dazu mal selbst was schreiben, habe ich aber dann doch nicht getan. Also muss das RB wieder für mich übernehmen.
Parwana war ausgestiegen und ich fuhr alleine weiter. Wir verabschiedeten uns sehr herzlich. Immerhin hatten wir viel miteinander erlebt und so was schweißt zusammen und dann war ich allein. Von dem Zug war ich ganz begeistert, denn man konnte auch oben in der zweiten Etage sitzen. Das kannte ich nicht und habe es natürlich gleich ausprobiert. Wieder begegnete mir ein Mädchen. Die gibt es ja überall hier und ich kam aus dem Glotzen nicht raus, weil sie einen weiten Ausschnitt hatte der mich, weil ich so was nicht gewöhnt war, ziemlich in Bann gezogen hat.
Die Schaffnerin hat mich was gefragt und ich habe nicht verstanden, aber einfach »ja« gesagt.
Ich musste auch noch umsteigen und zum Glück hatte die Frau, die uns die Fahrkarten verkauft hat, alles ganz genau erklärt. Ich war sehr müde und habe mich dennoch nicht getraut, einzuschlafen, weil ich dachte, ich verpasse die Station. Und dann schließlich war die Verwirrung perfekt: Ein Vorort, ich hielt ihn für Frankfurt.

Aber niemand stieg aus und irgendwie wirkte alles viel zu klein für eine große Stadt. Später habe ich gedacht, es sei Frankfurt/Oder gewesen und habe damit RB irritiert, der mir dann erklärt, dass das nun wirklich ganz wo anders liegt. Es war ein Vorort. Ich glaube Nieder– oder Oberrad, keine Ahnung, aber dann sah ich den Frankfurter Hauptbahnhof und kam aus dem Staunen nicht mehr raus. So einen großes Gebäude hatte ich noch nie gesehen. Ich sollte stehenbleiben und warten, hatte mein Onkel gesagt, und genau das tat ich und staunte weiter. Nach ein paar Minuten kam er. Das letzte Mal hatte ich ihn gesehen, als ich noch ein ganz kleiner Junge war – Skype einmal ausgenommen. Ich war glücklich. So lange Zeit wusste ich gar nicht, ob ich ihn wirklich treffen würde. Danach sind wir zur Tante gefahren und nachdem ich geduscht hatte, gab es afghanisches Essen. Was für ein Fest! So viel zu essen! Viele Leute kamen, mich zu sehen. Es war alles fast ein bisschen viel. Ich konnte es kaum fassen, weil ich während der Flucht immer nur eine Station nach der anderen genommen habe.

Frankfurt war so weit weg und nun war es da.

Es war Sylvester und die Böller krachten. Raketen kannte ich nicht. Viele Flüchtlinge haben vor Böllern Angst, weil das für sie Kriegsgeräusche sind. Ich aber fand es eigentlich schön.

Zwei Tage später sind wir, mein Onkel und ich, dann zum Jugendamt gegangen. Wir mussten lange warten und natürlich wusste ich gar nicht, was das war, ein Jugendamt. Dann wollten sie alles ganz genau wissen und hatten einen Dolmetscher bestellt, der übersetzte.

Viele von uns haben sich als jünger ausgegeben, aber das musste ich ja zum Glück ja nicht. Die Sozialarbeiterin hat mich dann in ein Aufnahmeheim der AWO geschickt. Ich war der Jüngste dort. Die Zustände waren schwierig. Es wurde viel gekifft, der Umgangston war rau. Alle lagen in einem Vierer–Zimmer, und ich als Jüngster wurde zum Glück in einem Einzelzimmer untergebracht.

Einmal, als wir auf Klassenfahrt in der Eifel waren, habe ich einen Jungen aus diesem Heim getroffen. Nicht jeder konnte in Frankfurt bleiben. Er lebte auf einem Kaff. Es fuhren nur zwei Busse am Tag. Zufälle gibts. Da trifft man mitten in der Pampa einen, mit dem man zusammen im Heim war ...

Im Aufnahmeheim war ich vier Monate, dann wurde es aufgelöst und ich kam in ein anderes Heim, wo ich noch weitere zwei Monate blieb. In Frankfurt/Höchst. Doppelzimmer mit einem Gleichaltrigen. Ganz okay. In der Nähe war eine Schule und ich wollte so gerne dorthin gehen, aber wir mussten erstmal in einen Deutschkurs. Meine ersten Worte, habe ich im Aufnahmeheim noch in der ersten Nacht gelernt: »Hallo ich möchte gerne meine Kleidung waschen.« Und: »Wie geht es Ihnen?« Afghanen haben mir das beigebracht. Ich habe dort schnell Freundschaften geschlossen. Drei Brüder, einer davon in meinem Alter haben viel mit mir zusammen unternommen.

Die nächsten Sätze waren übrigens: »Halt die Fresse!«, »Verpiss dich!« und »Ich hasse dich auch!« Damit habe ich alle möglichen Leute geärgert. Auch die Mädchen, die natürlich noch ganz andere Beschimpfungen drauf hatten, die ich aber nicht verstanden habe. Zum Glück habe ich bald gemerkt, dass es geistreichere Sätze gibt und die habe ich dann auch gelernt.

Eigentlich durften wir nicht ins Schwimmbad gehen, sind wir dann aber doch. Ich habe das erste Mal Frauen im Bikini gesehen und die saßen dann auch noch im Whirlpool!

»Was ist das, was die da anhaben?«, habe ich gefragt und natürlich zur Erheiterung beigetragen. Heute bin auch ich daran gewöhnt, aber damals war ich erschlagen und musste wegsehen und wieder hin. Nachdem wir aus dem Schwimmbad kamen, hatten wir rote Augen und Angst, dass uns jemand erwischen würde. Da sind wir dann durchs Fenster geklettert und alles ist gut gegangen. Es gab auch ein Mädchen im Flüchtlingsheim. Sie sah zu mir und ich zu ihr ... Einmal, als unsere Lehrerin vom Deutschkurs krank war, musste ich in eine andere Klasse. Und dann, was für ein Glück, traf ich auf sie! Wir haben später ein bisschen Händchen gehalten und uns unter einer Trauerweide getroffen. Das war echt romantisch und wirklich schön.

Was ich nicht wusste, war, dass für mich ein Kinderheim gesucht wurde. Kinderheime kannte ich nicht. Was sollte das sein? Ich dachte, man geht dort hin, um Kinder anzusehen. Wofür sollte das gut sein? Der Dolmetscher hat mir dann erklärt, was damit gemeint ist. Ich konnte das aber trotzdem nicht verstehen. Leute die nach einem sehen und bei allem Möglichen helfen würden? Wie das? Wen sollte denn interessieren, was mit mir war? Fremde, die sich zur Aufgabe gemacht hatten, Kindern zu helfen, waren sicherlich mit Vorsicht zu genießen ...

Dann sind wir Montag, den 28. April 2016 ins Kinderheim gegangen und ich habe mich vorgestellt. Wir alle waren von dem Haus begeistert. Kein Riesenstall, sondern wie ein echtes Zuhause. Modern und eine Frau, die

gekocht hat und Kinder, die neugierig auf mich waren. Ein Mädchen war so klein und sie hat sich nicht getraut, mich anzusprechen. Mit einem anderen, die schon älter war, hat sich gleich eine merkwürdige Spannung entwickelt. Die mochte mich nicht und ich sie auch nicht. Das ist bis heute mehr oder weniger so geblieben. (Um es an dieser Stelle mal vorwegzunehmen: Als ich auszog, hat sie das begrüßt und gesagt: »Jetzt erhält mein Leben endlich einen Sinn!« So nett war das nicht, aber irgendwie ist das auch echt lustig gewesen.)
RB habe ich an dem Tag im Heim auch kennengelernt und die Heimleiterin Corinna. Sie waren nett. Ich wollte sofort dableiben. Alles war so schön und ich würde nicht nur mit Flüchtlingen leben. Tatsächlich durfte ich gleich ein paar Tage später einziehen. Was für ein Glück! Ich war der einzige Flüchtling. Ich habe es sofort meiner Mutter erzählt und wie alle Mütter hat sie mir gesagt, ich solle keinen Quatsch machen.
Donnerstag durfte ich einziehen und mit der Betreuerin Dinge einkaufen gehen, die ich gerne esse. Nutella zum Beispiel. Ich glaube, sie haben sofort gemerkt, wie enorm wichtig mir Essen ist.
Es ist unglaublich gut, zu wissen, dass regelmäßig jemand für uns kocht.
Anfangs hatte ich noch keinen Schulplatz und musste Deutsch lernen. Ich wollte unbedingt so bald es ging, in einer ganz normalen Klasse sitzen.
In der Schule habe ich einen Jungen getroffen, mit dem ich heute noch eng befreundet bin. Am ersten Tag haben wir gleich die ganze Zeit geredet. Das hat es sehr leicht gemacht. Zusammen mit ihm habe ich auch die Mädchen geärgert. Irgendwie kam man nicht darum herum.

Und gleich am ersten Tag bin ich schon zu spät nach Hause gekommen. Einer der Erzieher musste dann erstmal ein paar Sachen erklären. Dass jemand sich sorgte, wenn ich nicht pünktlich nach Hause kam, konnte ich erstmal gar nicht verstehen. Wie konnten sie sich um mich sorgen, wenn sie mich doch gerade eben erst kennen gelernt hatten? Ich musste ihnen doch egal sein, oder etwa nicht?
Es gibt ein Foto, das geschossen wurde, gleich nachdem ich in Frankfurt angekommen bin. Da sehe ich echt schlecht aus. Man sieht mir an, dass ich sehr krank gewesen bin. Füße, Hände, Hals, Beine, alles tat mir weh – wirklich alles. Ich hatte schreckliche Schmerzen. Die Strapazen der Flucht drängten ins Freie. Jetzt wo ich in einem weichen Bett lag, gewannen sie den Kampf gegen mich, weil ich ja nicht mehr weiter musste. Das hat eine ganze Zeitlang gedauert. Nach einer Flucht ist man kaputt. Richtig kaputt meine ich.

Meinen Namen sprechen sie hier ganz anders aus, als es meine Mutter und die anderen aus meiner Familie getan haben, aber ich weiß ja, wer gemeint ist. Es war mir irgendwie auch nicht wichtig. Man muss es zugeben: Die Pubertät hat mich eingeholt und ich bin nicht mehr ganz so gut in der Schule. Aber für das nächste Jahr habe ich mir vorgenommen, ganz diszipliniert zu lernen und einen guten Abschluss zu machen. Dann kann ich ins Betreute Wohnen wechseln. Auch wieder so was, dass in Afghanistan undenkbar ist. Hier werden selbst die jungen Erwachsenen noch betreut und so bekommt jeder seine Chance »draußen« klar zu kommen. Das ist schon eine feine Sache.

Mein bester Freund ist weggezogen. Das ist ein bisschen traurig, aber wir werden in Kontakt bleiben.
Mein »Haifischbiss« ist gut verheilt. Einen Schönheitspreis kann ich dafür zwar nicht gewinnen, aber das muss ich ja auch nicht zwangsläufig. Bei schweren Arbeiten, mache ich schnell schlapp, weil mir die Muskeln im Bauch fehlen, aber ich will ja ohnehin zur Bank und in feinen Anzügen rumlaufen, da wird er mich nicht stören, der Haifischbiss.

Epilog

Nachdem ich sechzehn geworden war, hat sich RB starkgemacht, dass ich vom Kinderheim ins Betreute Wohnen ziehen konnte. Das ist ein ziemlicher Schritt. Ich habe mich einerseits gefreut, andererseits aber gar nicht gewusst, ob ich das schon gewollt habe: Erwachsen werden. Es gehört wohl dazu.

Ich bewohne ein großes Zimmer, das ich eigenständig in Ordnung halten muss. Eigentlich ...
Es hat bald ein paar Reibereien gegeben. Ich bin ja gewöhnt, alles zu diskutieren, und wollte gerne darüber sprechen, wann etwas als ordentlich anzusehen ist und wann nicht. Leider war ich wenig erfolgreich mit der Argumentation, dass Pullover nicht grundsätzlich aufgefaltet werden müssen und was die Tragedauer von Socken betraf.
Es dauerte nicht lange und ich war erst mal im Mittelpunkt des Interesses. Wirklich lästig! Ich will das hier nicht weiter ausführen, weil es vielleicht meinen guten Eindruck, den ich bis jetzt hinterlassen habe, schmälern könnte, aber so viel sei gesagt: Ich habe mich nicht nur mit RB ziemlich in die Wolle gekriegt, aber auch mit ihm, weil der nicht darüber diskutieren wollte, ob ich in den Ferien bis zum Nachmittag schlafen durfte. Ich kann machen, was ich will – meine Meinung, traf auf seine, dass Jugendhilfe nicht dafür da sei, unmündigen Halbstarken beizubringen, wie sie den Tag faul und nichtsnutzig verschlafen können. Ein Frontalzusammenstoß, könnte man sagen. Und der hat sich mit schöner Regelmäßigkeit wiederholt. Wenn es mein einziges Ziel wäre, blöde herumzuliegen und darauf zu warten, dass es Abend würde, wäre ich wohl doch zu früh ins Betreute

Wohnen gezogen. Er unterstellte mir, nachts auf der Straße herumzufliegen und übertrieb wieder einmal haltlos. Alle übertrieben! Oha! Wann würden sie es denn merken? Ich war bereits erwachsen und entschied selbst, wann ich mein Zimmer lüften würde.
Und schon gar nicht wollte ich ständig reden und nach Dingen gefragt werden, die ich zu erledigen hatte. Früher im Kinderheim habe ich oft und ständig mit den Erwachsenen geredet. Da war ich irgendwie noch ein kleiner Junge und bedürftig. Wie Kinder nun mal sind. Aber heute? Sollen sie mich doch mal in Ruhe lassen. Man kann es mit der ganzen Betreuung auch übertreiben. Sie sitzen da und lauern, dass ich aus der Schule komme – so kommt es mir vor. Als ob sie nichts anderes zu tun hätten.
RB hat sich eher über mich amüsiert. Wenn er nicht einlenken will, kann man sich die Zähne an ihm ausbeißen, und ich habe auch nicht daran gedacht, klein beizugeben und habe das getan, womit ich schon mal gescheitert bin: Ich habe ihn wieder mal mit Liebesentzug bestraft und ihn zu Luft erklärt. Wenn er unten in der Gruppe aufgetaucht ist, habe ich mir das Lachen verkniffen, ihn weder umarmt, wie ich es sonst tue, noch ein Wort mehr gesagt, als dringend notwendig war. Stattdessen habe ich einen teilnahmslosen Killer–Blick aufgesetzt. Er hat nur von »erholsamer Zeit« gesprochen. Das habe schon was, wenn man nicht immer das Ohr abgekaut bekäme ...
Wahrscheinlich ist er davon ausgegangen, ich würde über seine witzig gemeinten Kommentare lachen. Da kannte er mich aber schlecht! Oder man könnte auch sagen: Er kannte mich gut genug, denn leider war mein Getue nicht lange durchzuhalten, und ich konnte dann nicht

anders, als mich auszusöhnen – schon, um ihn wieder ärgern und nerven zu können.
Wenn ich mit ihm nicht im Reinen bin, ist das nicht wirklich gut.
Natürlich ist das ärgerlich, wenn man Stein und Bein geschworen hat, nie wieder auch nur ein Sterbenswort mit jemand zu wechseln, mit dem man sich in der Wolle hatte, nur, um diesem jemand wenig später wieder am Hals zu hängen, aber wie habe ich schon zu Anfang des Buches gesagt: Ich kann niemand wirklich lange böse sein – RB schon gar nicht.

Neulich hat er mich gefragt, ob ich noch von Afghanistan träume. Ja. Nicht mehr ganz so oft, aber dennoch regelmäßig. Neulich erst, da habe ich geträumt, ich wäre mit einem Kumpel aus der neuen WG, in der ich jetzt lebe und RB nach Baghlan gefahren – mit dem Auto! Insgeheim hatte ich gehofft, alle würden vor Freude aufschreien, wenn sie mich zu sehen bekämen, aber meine Mutter ist erschreckend ruhig geblieben, hat nur nach Geld gefragt, um ihr Handy aufladen zu können. Das hat mich ziemlich irritiert. Ich habe also meinen Geldbeutel aufgemacht und ihr einen Schein gegeben und weil ich gerade dabei war, hat jeder meiner Geschwister auch einen bekommen. Danach war das Geld fort. RB hat mich nach dem Gefühl hinter meinem Traum gefragt. Kompliziert wie immer, habe ich mir gedacht. Bis dahin hatte ich mir noch nicht mal groß überlegt, ob es hinter Träumen auch Gefühle geben kann.
Träume, das weiß ich jetzt, sind dafür da, eigene Erlebnisse und Gedanken zu verarbeiten, und selten bilden sie die Realität ab. Ich habe also Angst, jemand könnte mich

vergessen ... und mein Bedürfnis ist, meine Mutter und den Geschwistern etwas von mir zu geben – sie zu unterstützen. Geld von ihrem großen Bruder, dem Sohn, der im weit entfernten Deutschland lebt. *Vergiss mich nicht, Mutter!,* möchte ich ihr zurufen, aber ich weiß, sie wird immer an mich denken.

RB behauptet, ich sei nur deshalb so wild und aufsässig, damit ich allen in Erinnerung bleibe. Ich glaube nicht, dass er recht hat. Es ist einfach so, dass ich im März schon siebzehn geworden bin und schon wieder ein Jahr vergangen ist. Mit achtzehn muss ich dann komplett erwachsen sein und noch mehr Verantwortung übernehmen: Beruf, irgendwann eine eigene Wohnung und so ... Familie. Gut, das hat noch Zeit. Über meinen Asylantrag ist immer noch nicht entschieden worden und die Angst ist geblieben, auch wenn ich hoffe, dass die Zeit für mich arbeitet.

Zwischenzeitlich ist ein Prozess auf Schadensersatz er-öffnet worden. Schwierige Angelegenheit. Die Schriftsätze habe ich nicht verstanden, aber meine Vormünderin und RB kümmern sich weiter um alles.

Das Verhältnis zu den Erwachsenen ist einigen Höhen und Tiefen ausgesetzt, was RB auf meine Pubertät schiebt.
Entweder ich bin mit allen im Reinen und nerve alle mit meinen ungezügelten Attacken, oder ich sitze beleidigt im Zimmer und spreche tagelang mit keinen von ihnen.
RB nennt das »die Ruhe vor dem Sturm«, und ich ignoriere ihn, so gut ich kann.

Im Moment will ich alles, nur nicht brav sein, weil ich Angst habe, dass ich noch viel zu viele Jahre brav sein werde. Wir nennen es *Partymachen*. RB verdreht die Augen, wenn ich von mir gebe, dass er in seinem Alter natürlich kürzer treten muss und von derartigen Dingen nicht mehr viel versteht ...

Neulich habe ich ihm gesagt, wie dankbar ich ihm bin, und dass ich ihn niemals vergessen werde und dann habe ich ihm versprochen, dass ich ihn später, wenn er richtig alt geworden ist und nicht mehr kann, pflegen werde. Er hat sich nicht besonders dankbar gezeigt, sondern mehr als skeptisch aus der Wäsche gesehen ... Ich glaube aber, er fand es nett, zumindest hat er schief gegrinst. Das ist ja schon mal was.

Einen Traum will ich noch erzählen: Ich durfte für zwanzig Tage nach Afghanistan, um meine Familie besuchen. »Bleibst du jetzt für immer hier«, haben mich die Leute aus meinem Heimatort gefragt, und ich war erleichtert, dass ich ihnen sagen konnte, zurückzugehen. »Nein, ich gehe wieder nach Deutschland!« Als es dann so weit war, ließen sie mich nicht fort. Sie hielten mich fest und ich musste bleiben. Von meinem Weinen und Schreien bin ich aufgewacht und war klatschnass geschwitzt.

Solche Sachen träume ich oft. Deshalb muss ich auch einmal in der Woche das Bett beziehen.

Ja, ich träume noch immer ...

Zurückzugehen, das geht nicht. Glaubt es mir. Es geht wirklich nicht. Ich bin hier zu Hause, auch wenn ich weiß, wo meine Wurzeln sind und woher ich komme.

Anhang

Das unsichtbare Sterben der Kinder ... so hieß es in *Zeit online.*
Zitat vom 28. Juni 2019:

»Von 2014 bis 2018 ertranken im Mittelmeer mindestens 678 Kinder. So zählt es die Internationale Organisation für Migration (IOM) in einem aktuellen Bericht ... und das sind nur diejenigen, deren Tod bekannt wurde, weil Überlebende und Zeugen davon berichten konnten. Tatsächlich müssen viel mehr Kinder ums Leben gekommen sein ...« (Zitatende)[1]

Ja, das stimmt! Die Flüchtlinge, mit denen ich gesprochen habe, berichteten immer wieder, dass Menschen ertranken, ohne dass jemand hätte sagen können, woher sie gekommen, wer sie gewesen sind. »Die waren da und dann war der Platz im Boot einfach leer.«

Unter dem Artikel »*Das unsichtbare Sterben der Kinder*«: Fotos von Kinderschuhen, die an die Strände gespült worden sind. Ein Bild, das sich eingeprägt hat. Unter welchen Qualen müssen Menschen leben, die sich mit ihren Kindern auf den Weg übers Meer machen, ohne schwimmen zu können?
Zeit Online vom 21. Januar 2020 (Zitat) »Im Oktober 2016 unterzeichnete die afghanische Regierung ein Abschiede–Abkommen mit den EU–Staaten. Sie willigte ein, abgelehnte Asylbewerber zurückzunehmen – und bekam dafür Milliardenhilfen zugesichert.
Schon damals kritisierten Flüchtlings– und Menschenrechtsorganisationen das Abkommen wegen der angespannten Sicherheitslage in Afghanistan. Seither hat sich der Konflikt im Land weiter verschärft.

---

1 Bericht: Kai Biermann, Karsten Polke-Majewski und Sascha Venohr.)

Im Oktober 2019 veröffentlichten die Vereinigten Nationen einen Bericht, der für das dritte Quartal des Jahres fast 1.200 zivile Todesopfer verzeichnet. Es ist die höchste Zahl seit Beginn der Aufzeichnungen im Jahr 2009.
Aus Deutschland wurden seit 2016 rund 750 Afghanen in 29 Sammelabschiebungen nach Kabul geschickt. EU–weit wurden laut Eurostat in den vergangenen drei Jahren knapp 20.000 Afghanen abgeschoben.«

Dank ...

Allen, die dieses Buch ermöglicht und unterstützt haben. Insbesondere Jawad Masood für sein Vertrauen, seinen Humor, der vieles so leicht gemacht hat und die Offenheit, uns an einer sehr berührenden Geschichte teilhaben zu lassen.
Elisabeth Wieding–Becker und Susann Fischer für das unermüdliche Probe– und Korrekturlesen und die vielen wertvollen Hinweise.
Käthe Fleckenstein für das sensible Lektorat.

Allen Mitarbeiter-*innen der Kooperative Erziehungsarbeit e.V., die durch ihr Engagement dazu beitragen, dass junge Menschen, egal woher sie kommen, so etwas Ähnliches wie ein Zuhause finden können.

Ebenfalls im Robeck-Verlag erschienen:

Spagat

Mit seiner minderjährigen Mutter, Heidi, kommt Albert in ein Heim. Aus dem "gefallenen Mädchen" soll eine anständige Frau werden. Heidi aber will sich lieber auch weiterhin mit den amerikanischen Berufssoldaten herumtreiben und verschwindet. Sie lässt ihren Sohn in der Obhut der Nonnen. Nur die Großeltern, Hanni und Hermann, kümmern sich um ihn. Als sie ihn zu seinem vierten Geburtstag zu sich holen, beginnen Hannis schönsten Jahre.
Mit Eintritt in die Pubertät überschlagen sich die Ereignisse: Albert kommt in ein katholisches Internat. Das Ende seiner bis dahin behüteten Kindheit ... (ISBN: 9-78394-7-928002) **11,99 €,**

Das Kind – mein natürlicher »Feind«

Wer kommt schon auf die Idee, ein Kinderheim zu gründen?
Robert Becker, Familientherapeut, hat es zusammen mit seiner Frau und engagierten Kolleginnen 1997 getan.
Das Kind – mein natürlicher „Feind" erzählt nicht nur diese Geschichte, sondern zeigt durch zahlreiche Beiträge und farbige Illustrationen von Kindern, und Mitarbeiter*innen, was Heimerziehung bedeutet und was sie bewirken kann ...

(ISBN 978-3-947928-02-6) **26,90 €**